DON't FORGET

강제 기억
시 스 템

핵심만 추출한

박문각 익힘장

—

박문각 공인중개사
정석진 부동산세법

학 ^學 배울 학
동일한 강의로 배워도

습 ^習 익힐 습
복습 방법이 다르면 결과도 다르다!

익힘이 합격 당락을 좌우한다!

박문각 공인중개사
부동산세법 교수   정석진

박문각 익힘장 정석진 부동산세법은?

☑ 부동산세법의 주요 출제 포인트를 총 44쪽만으로 빠짐없이 압축하여 구성한 교재입니다.

☑ 출제되는 조문의 핵심적 키워드를 쉽게 파악할 수 있는 '**제1편 정답익힘장**'과 이를 빈칸으로 만들어 완벽하게 연습할 수 있는 '**제2편 □익힘장**'으로 구성되었습니다.

☑ 처음에는 '**제1편 정답익힘장**'을 반복해서 읽은 다음, '**제2편 □익힘장**'으로 철저한 확인학습을 해나가시면 어렵지 않게 부동산세법을 정복할 수 있습니다.

박문각 익힘장
사용가이드

▌ 한 주 분량의 이론강의를 먼저 수강한 다음, 익힘장을 통해 해당 진도만큼 복습하는 데 활용합니다.

▌ 처음에는 제2편의 □**익힘장**으로 복습하는 것이 부담스러울 수 있으므로, 제1편의 **정답익힘장**으로 복습해 나가시는 게 좋습니다.

내용 및 구성

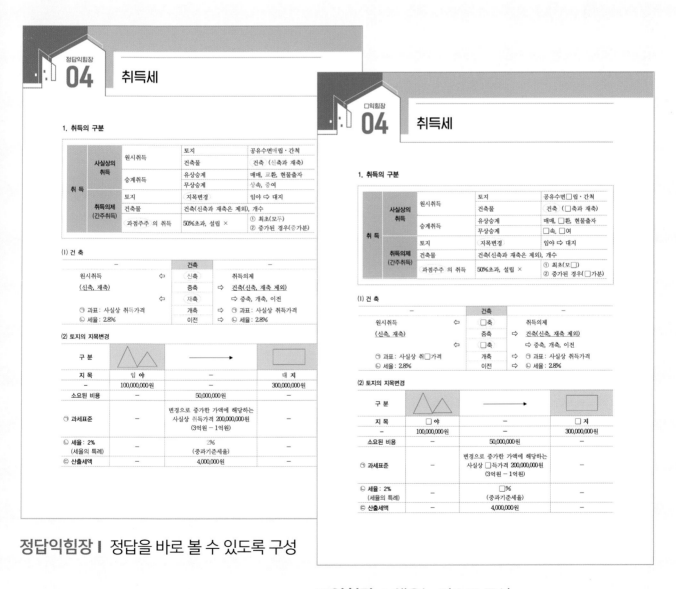

정답익힘장 ▌ 정답을 바로 볼 수 있도록 구성

□익힘장 ▌ 채우는 것으로 구성

박문각 익힘장
익힘 체크리스트

❶ 먼저 1순환과 2순환을 아래와 같은 방법으로 완성합니다.

❷ 이후에는 각자의 학습성취도와 능력에 맞게 범위를 넓혀가면서 읽어 나갑니다.

❸ 시험 전까지 3, 4, 5··· 순환을 계속 반복할수록 효과는 배가됩니다.

1순환

* 실제 공부한 날짜와 시간을 체크해보세요. 익힘이 거듭될수록 합격에 가까워집니다.

익힘 체크리스트						
	학습주차	페이지	학습일자			
소득세	1주차 강의진도	2 ~ 4	월	일	분	☐
양도소득세	2주차 강의진도	5 ~ 12	월	일	분	☐
	3주차 강의진도	13 ~ 18	월	일	분	☐
	※총복습(1~3주차)	총복습	월	일	분	☐
취득세	4주차 강의진도	19 ~ 26	월	일	분	☐
등록면허세	5주차 강의진도	27 ~ 28	월	일	분	☐
	※총복습(4~5주차)	총복습	월	일	분	☐
재산세	6주차 강의진도	29 ~ 35	월	일	분	☐
종합부동산세	7주차 강의진도	36 ~ 40	월	일	분	☐
조세총론	8주차 강의진도	41 ~ 45	월	일	분	☐
	※총복습(6~8주차)	총복습	월	일	분	☐

2순환(1순환을 마친 경우)

익힘 체크리스트						
	학습주차	페이지	학습일자			
소득세	1주차 강의진도	2 ~ 4	월	일	분	☐
양도소득세	2주차 강의진도	5 ~ 12	월	일	분	☐
	3주차 강의진도	13 ~ 18	월	일	분	☐
	※총복습(1~3주차)	총복습	월	일	분	☐
취득세	4주차 강의진도	19 ~ 26	월	일	분	☐
등록면허세	5주차 강의진도	27 ~ 28	월	일	분	☐
	※총복습(4~5주차)	총복습	월	일	분	☐
재산세	6주차 강의진도	29 ~ 35	월	일	분	☐
종합부동산세	7주차 강의진도	36 ~ 40	월	일	분	☐
조세총론	8주차 강의진도	41 ~ 45	월	일	분	☐
	※총복습(6~8주차)	총복습	월	일	분	☐

정답익힘장

소득세

1. 소득세 총설 : 국세, 개인, 신고납세제도

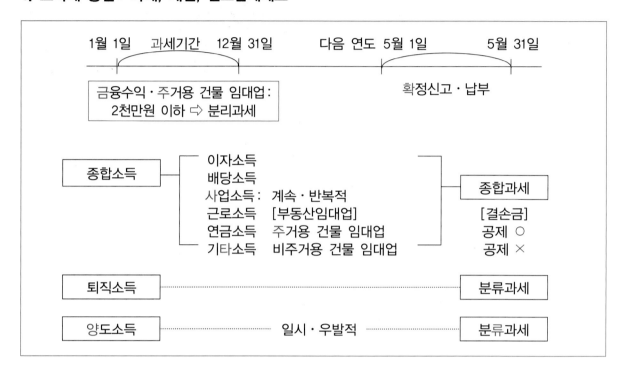

2. 소득세 납세의무자, 납세지

구 분	개 념	납세의무의 범위
거주자	국내에 주소를 두거나 1과세 기간 중 183일 이상 거소를 둔 개인	① (국내원천소득 + 국외원천소득) ② 무제한 납세의무 ③ 납세지 : 사람 주소지 관할 세무서
비거주자	거주자가 아닌 개인	① (국내원천소득) cf 국외 × ② 제한 납세의무 ③ 납세지 : 국내 사업장의 소재지 관할 세무서

① **국외자산양도에 대한 양도소득세** : 거주자(5년 이상 국내에 주소 또는 거소)

② 공동으로 소유한 자산에 대한 양도소득금액을 계산하는 경우에는 해당 자산을 공동으로 소유하는 각 거주자가 납세의무를 진다.

소득세(부동산임대업)

1. 부동산임대업의 범위

1. **지역권 · 지상권의 대여**: 사업소득
   - **cf** 공익사업과 관련하여 지역권 · 지상권의 대여: 기타소득

2. **지상권의 양도**: 양도소득

2. 비과세 사업소득

1. **논 · 밭의 임대소득**: 논 · 밭을 작물 생산에 이용하게 함으로써 발생하는 소득

2. **주택 임대소득**

① 금액에 관계없이 비과세	1개의 주택을 소유하는 자의 주택임대소득

② 과 세	㉠ <u>1개</u>의 주택을 소유하는 자의 주택임대소득
	  예 외
	  ⓐ 고가주택(과세기간 종료일 기준으로 기준시가 12억원 초과)
	  ⓑ 국외에 소재하는 주택의 임대소득
	㉡ <u>2개</u> 이상의 주택을 소유하는 자의 주택임대소득

주택 수의 계산
① 다가구주택: 1개의 주택 **cf** 구분등기 ⇨ 각각을 1개의 주택으로
② 공동소유의 주택: 지분이 가장 큰 자의 소유로 계산

> **(비교) 공동소유의 주택**
> ㉠ 부동산임대업: 지분이 가장 큰 자의 소유로 계산
> ㉡ 양도세(=종합부동산세): 각각(각자)

③ 전대, 전전세: 임차인 또는 전세받은 자의 주택으로 계산
④ 본인과 배우자: 합산

3. 부동산임대업의 소득금액 계산

부동산임대업의 소득금액 계산

부동산임대업의 소득금액 = 총수입금액(<u>임대료</u> + <u>간주임대료</u>) − 필요경비
① 임대료 : 월세
② 간주임대료 : 보증금·전세금에 대한 이자상당액

총수입금액(임대료 + 간주임대료) − 필요경비(소송비용, 감가상각비, 현재가치할인차금상각액) = 소득금액 **cf** (−) : 결손금	양도가액 − 취득가액 − 기타필요경비 = 양도차익

cf (주택)에 대한 **간주임대료**

  1. 원칙 : 간주임대료 ×

  2. 예외 : 간주임대료 ○

and (동시 충족)	① 3주택 이상
	② 보증금 합계액이 3억원 초과

    ⬦ 주택 수에 포함×(소형주택) (2026년 12월 31일까지)

and (동시 충족)	㉠ 전용면적 40m² 이하
	㉡ 기준시가 2억원 이하

양도소득세

1. 양도의 정의 : "사실상 유상이전"

양도로 보는 경우	양도로 보지 아니하는 경우

① 매도
② 교환(유상)
③ 현물출자
④ 대물변제
  ㉠ 재산분할청구 : 양도 ×, 증여 ×
  ㉡ 부동산으로 위자료를 대물변제하는 경우 :
    양도 ○
⑤ 부담부증여
  ㉠ 수증자가 인수한 채무상당액 : 양도 ○
    ⓐ 증여자 : 양도세
    ⓑ 수증자 : 증여세, 취득세
      • 채무액 : 유상
      • 채무액을 제외한 나머지 부분 : 무상
  ㉡ 배우자·직계존비속 간 : 증여추정
    ⓐ 증여자 : ×
    ⓑ 수증자 : 증여세, 취득세(무상)
      ㏄ 양도 : 채무액이 객관적으로 인정되는
        경우
⑥ 수용
⑦ 공매, 경매
    ㏄ 자기가 재취득 : 양도 ×
	① 무상이전 : 상속, 증여
	② 환지처분 및 보류지 충당
	  ㉠ 환지받은 토지, 보류지를 양도한 경우 :
	    양도 ○
	  ㉡ 환지청산금을 교부받는 부분 : 양도 ○
	③ 지적경계선 변경을 위한 토지의 교환
	④ 양도담보
	  ㉠ 양도담보 제공시 : 양도 ×
	  ㉡ 채무불이행시 : 양도 ○
	⑤ 공유물의 분할(단순 분할)
	  ㉠ 지분증가 : 취득
	  ㉡ 지분감소 : 양도
	⑥ 소유권환원(매매원인 무효의 소)
	⑦ 신탁·신탁해지
	⑧ 배우자·직계존비속 간의 양도 : 증여추정
	  ㏄ 양도(= 유상취득)
	  ㉠ 공매(경매)
	  ㉡ 파산선고
	  ㉢ 교환
	  ㉣ 대가를 지급한 사실이 증명되는 경우

★★★ 배우자·직계존비속 이외의 자 간 부담부증여 : 수증자가 인수한 채무상당액(양도 ○)

 ━━━━━━━━━━━━━━▶

증여가액	채무액	2억원
5억원	채무액 외	3억원

① 증여자	양도세(2억원)		
② 수증자	㉠ 증여세(3억원)		
	㉡ 취득세(5억원)	채무액(2억원)	유상취득
		채무액 외(3억원)	무상취득

㏄ 부담부증여시 양도가액 및 취득가액

$$= 양도 \cdot 취득 \ 당시의 \ 가액 \times \frac{인수한 \ 채무상당액}{증여가액}$$

2. 양도세 과세대상

토지 또는 건물	등기·등록 여부와 관계없이 과세
부동산에 관한 권리	(1) **부동산을 취득할 수 있는 권리** 　① 건물이 완성되는 때에 그 건물과 이에 딸린 토지를 취득할 수 있는 권리 　　(아파트당첨권·분양권·입주권 등) 　　㉠ 조합원입주권: 주택 ×, 주택 수 포함 ○ 　　㉡ 분양권: 주택 ×, 주택 수 포함 ○ 　② 지방자치단체·한국토지공사가 발행하는 토지상환채권 및 주택상환사채 　　**cf** 토지개발채권 ×, 국민주택채권 × 　③ 부동산매매계약을 체결한 자가 계약금만 지급한 상태에서 양도하는 권리 (2) **지상권** (3) **전세권과 등기된 부동산임차권** 　**cf** 등기되지 아니한 부동산임차권: 기타소득(종합소득)
주식 또는 출자지분 (주식 등)	(1) 특정 주권상장법인의 주식 등 　① 대주주가 양도하는 것 　② 장외 양도분 (2) 주권비상장법인의 주식 등(비상장주식) (3) 외국법인이 발행하였거나 외국에 있는 시장에 상장된 주식 등
기타자산	(1) **사업에 사용하는 토지·건물 및 부동산에 관한 권리와 함께 양도하는 영업권** 　**cf** 영업권(점포임차권 포함)의 단독양도: 기타소득(종합소득) (2) **특정시설물의 이용권·회원권(이용·회원권의 성격이 내포된 주식 포함)(배타적)** 　**cf** 골프 회원권, 콘도 회원권 (3) 과점주주가 소유한 부동산 과다보유법인의 주식(50% − 50% − 50%) (4) 특수업종을 영위하는 부동산 과다보유법인의 주식(80% − 1주 − 1주) (5) **토지·건물과 함께 양도하는 「개발제한구역의 지정 및 관리에 관한 특별조치법」에 따른 이축을 할 수 있는 권리(이축권). 다만, 해당 이축권 가액을 대통령령으로 정하는 방법에 따라 별도로 평가하여 신고하는 경우는 제외한다.**
파생상품 등	파생상품 등의 거래 또는 행위로 발생하는 소득(일정한 파생상품)
신탁 수익권	신탁의 이익을 받을 권리(「자본시장과 금융투자업에 관한 법률」 제110조에 따른 수익증권 및 같은 법 제189조에 따른 투자신탁의 수익권 등 대통령령으로 정하는 수익권은 제외하며, 이하 "신탁 수익권"이라 한다)의 양도로 발생하는 소득. 다만, 신탁 수익권의 양도를 통하여 신탁재산에 대한 지배·통제권이 사실상 이전되는 경우는 신탁재산 자체의 양도로 본다.

3. 양도 또는 취득시기

1. 유상 양도 및 취득시기
  (1) 원칙 : 사실상 대금을 청산한 날
  (2) 예외 : 등기·등록접수일
    ① 대금을 청산한 날이 분명하지 아니한 경우
    ② 대금을 청산하기 전에 소유권이전등기를 한 경우

2. 장기할부조건(2회 이상 분할, 1년 이상) : ~ 빠른 날

3. 자기가 건설한 건축물 : [구청(준공검사) → 등기소(보존등기)]
  (1) 허 가
    ① 원칙 : 사용승인서 교부일
    ② 예외 : ~ 빠른 날
  (2) 무허가 : 사실상의 사용일

4. 상속 또는 증여
  (1) 상속 : 상속이 개시된 날
    ⓒⓕ 세율 적용시 : 피상속인이 그 자산을 취득한 날
  (2) 증여 : 증여를 받은 날(=증여등기접수일)
    ① 이월과세 : 증여자의 취득일
    ② 취득세 : 증여 계약일

5. 점유(민법의 시효취득) : 점유를 개시한 날

6. 수용되는 경우 : ~ 빠른 날

7. 대금을 청산한 날까지 완성(확정) ✕ : 목적물이 완성 또는 확정된 날

8. 환지처분으로 인하여 취득한 토지
  (1) 환지 전의 토지의 취득일
  (2) 증가(감소)된 경우 : 환지처분의 공고가 있은 날의 다음 날(익일)

9. 취득시기의 의제
  (1) 토지·건물·부동산에 관한 권리·기타자산 : 1985년 1월 1일
  (2) 주식 등 : 1986년 1월 1일

10. 기타의 양도 또는 취득시기
  (1) **아파트 당첨권**의 취득시기 : 당첨일(잔금청산일)
  (2) **경매**에 의하여 자산을 취득하는 경우 : 경매대금을 완납한 날
  (3) 잔금을 **어음**이나 기타 이에 준하는 증서로 받은 경우 : 어음 등의 결제일
  (4) 법원의 **무효**판결로 소유권이 환원된 자산 : 당초 취득일

4. 양도소득 과세표준과 세액의 계산

구 분	원칙(실지거래가액)	예외(추계)
양도가액	실지 양도가액	추계(매·감·기)
− **취득가액**	실지 취득가액	추계(매·감·환·기)
	① 매입가액 + 취득세 + 기타부대비용 ② 소송비용·화해비용 ③ 당사자 약정 이자상당액 🆑 지연이자 ×	−
− 기타필요경비	자본적 지출액 + 양도비용	필요경비개산공제
	① 자본적 지출액 : 내용연수 연장, 가치증가 　🆑 수익적 지출액 : 원상회복, 능률유지(×) ② 양도비용 : 중개보수, 매각차손	① 취득가액이 추계인 경우 ② 취득당시 기준시가 × 　공제율
= 양도차익	−	
− 장기보유특별공제	① 양도차익 × 공제율 ② 적용대상 : 토지·건물·조합원입주권 ③ 보유기간 : 3년 이상 보유 ④ 적용배제 : 미등기양도자산, (1세대 2주택 이상 + 조정대상지역 주택) ⑤ 공제율 : ㉠ ㉡ 이외(2%씩) : 6%~30% 　　　㉡ 1세대 1주택인 고가주택(실가 12억원 초과)(2년 이상 거주) : 　　　[(보유기간 : 4%씩) + (거주기간 : 4%씩)]	
= 양도소득금액	−	
− 양도소득기본공제	① 소득별로 각각 연(1월 1일~12월 31일) 250만원 　㉠ 토지·건물, 부동산에 관한 권리, 기타자산 　㉡ 주식 또는 출자지분(주식 등) 　㉢ 파생상품 등 　㉣ 신탁 수익권 ② 적용배제 : 미등기양도자산	
= 과세표준	−	
× 세 율	−	
= 산출세액	−	
− 감면세액	−	
− 세액공제	외국납부세액공제	
+ 가산세	무(과소)신고가산세, 납부지연가산세	
= 자진 납부할 세액		
− 분납할 세액	−	
= 자진 납부세액	−	

5. 실지거래가액에 의한 양도차익

1. **양도가액**: 양도당시의 실지거래가액(양도소득의 총수입금액)

2. **취득가액**: 취득에 든 실지거래가액(현재가치할인차금 포함)
   ① 매입가액 + 취득세 + 기타 부대비용(중개보수, 소유권이전비용)
   ② 소송비용 · 화해비용(사업소득금액 계산시 필요경비에 산입된 것을 제외한 금액)
   ③ 당사자 약정에 의한 이자상당액
   　　⬤cf 지급기일의 지연으로 인하여 추가로 발생하는 이자상당액(×)
   　　⬤cf 대출금의 이자지급액(×)
   ④ 감가상각비(사업소득금액 계산시 필요경비에 산입한 금액): 취득가액에서 공제＝양도차익을 계산할 때 양도가액에서 공제할 필요경비로 보지 아니한다.
   ⑤ 현재가치할인차금의 상각액(사업소득금액 계산시 필요경비에 산입한 금액): 취득가액에서 공제＝양도차익을 계산할 때 양도가액에서 공제할 필요경비로 보지 아니한다.
   ⑥ 납부영수증이 없는 취득세(○) ⬤cf 감면되는 경우(×)
   ⑦ 상속, 증여: 「상속세 및 증여세법」의 규정에 의하여 평가한 가액
   　　㉠ 원칙: 시가(시세)
   　　㉡ 예외: 보충적 평가방법(기준시가)
   ⑧ 포함(×): 재산세, 종합부동산세, 상속세, 증여세, 부당행위계산에 의한 시가초과액(업 계약서)

3. **기타필요경비**(자본적 지출액 + 양도비용)
   [필요경비 인정: 적격 증명서류 수취·보관 또는 금융거래 증명서류 확인]
   ① **자본적 지출액**
   　　㉠ 내용연수(수명) 연장, 가치를 증가시키기 위하여 지출한 수선비
   　　㉡ 취득한 후 소송비용·화해비용(사업소득금액 계산시 필요경비에 산입된 것을 제외한 금액)
   　　㉢ 양도자산의 용도변경·개량 또는 이용편의를 위하여 지출한 비용
   　　㉣ 개발부담금, 재건축부담금, 베란다 샤시, 거실 및 방 확장공사비 등
   　　　　⬤cf 수익적지출(원상회복, 능률유지): ×
   ② **양도비용**
   　　㉠ 양도소득세과세표준 신고서 작성비용, 계약서 작성비용, 공증비용, 인지대, 소개비(중개보수)
   　　㉡ 매각차손
   　　　　⬤cf 금융기관 외의 자에게 양도한 경우: 금융기관에 양도하였을 경우 발생하는 매각차손을 한도

6. 추계결정에 의하는 경우 양도 · 취득가액과 기타의 필요경비

1. 양도가액 또는 취득가액을 추계결정 또는 경정하는 경우에는 다음의 방법을 순차로 적용하여 산정한 가액에 의한다.
   ① ㉺ 매사례가액 : 양도일 또는 취득일 **전후 각 3개월 이내**에 해당 자산(주권상장법인의 주식 등은 제외)과 동일성 또는 유사성이 있는 자산의 매매사례가 있는 경우 그 가액
   ② ㉦ 정가액 : 양도일 또는 취득일 **전후 각 3개월 이내**에 해당 자산(주식 등을 제외)에 대하여 **둘 이상의 감정평가법인 등이** 평가한 것으로서 신빙성이 있는 것으로 인정되는 감정가액(감정평가기준일이 양도일 또는 취득일 전후 각 3개월 이내인 것에 한정)이 있는 경우에는 그 **감정가액의 평균액**(다만, 기준시가가 10억원 이하인 경우에는 하나)
   ③ ㉲ 산 취득가액 : 토지 · 건물 및 부동산을 취득할 수 있는 권리의 경우에는 다음 산식에 의하여 계산한 가액 ➡ **양도가액은 환산(×)**

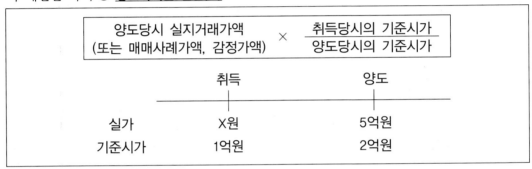

   ④ ㉞ 준시가

2. 필요경비개산공제
   <u>취득가액</u>을 <u>추계조사(매매사례가액, 감정가액, 환산취득가액) 또는 기준시가</u>로 산정하는 경우 인정되는 필요경비

구 분		필요경비개산공제액
① **토지와 건물**(일반건물, 오피스텔 및 상업용 건물, 주택)		취득당시의 기준시가 × 3% (미등기양도자산은 0.3%)
② **부동산에 관한 권리**	지상권 · 전세권 · 등기된 부동산 임차권	취득당시의 기준시가 × 7% (미등기양도자산은 제외)
	부동산을 취득할 수 있는 권리	취득당시의 기준시가 × 1%
③ **주식 · 출자지분** ④ **기타자산** ⑤ **신탁 수익권**		

3. 추계방법에 의한 **취득가액**을 <u>환산취득가액</u>으로 하는 경우 <u>세부담의 최소화</u>

   필요경비 = MAX(①, ②)
   ① (환산취득가액 + 필요경비개산공제)
   ② (자본적지출액 + 양도비)

7. 장기보유특별공제

1. **취지** : 동결효과 방지, 결집효과 완화

2. **적용대상** : 토지·건물·조합원입주권(3년 이상 보유)

3. **적용배제** : 미등기양도자산, ~~(1세대 2주택 이상 + 조정대상지역 주택)~~

4. **보유기간**
   ① 취득일 ~ 양도일
   ② 이월과세 : 증여자가 취득한 날부터 기산

5. **장기보유특별공제액** : 양도차익 × 공제율
   ① ② 이외(2%씩) : 6% ~ 30%
   ② 1세대 1주택인 고가주택(2년 이상 거주) : [(보유기간 : 4%씩) + (거주기간 : 4%씩)]

6. **동일연도에 수회 양도** : 자산별

8. 양도소득기본공제

1. **소득별로 각각 연(1/1~12/31) 250만원 = 결손금의 통산**
   ① 토지·건물, 부동산에 관한 권리, 기타자산(**미등기양도자산은 제외**)
   ② 주식 또는 출자지분(주식 등)
   ③ 파생상품 등
   ④ 신탁 수익권

2. **공제 순서**
   ① 감면 외, 감면 외 : 먼저 양도한 자산부터
   ② 감면, 감면 외 : 감면 외에서 먼저 공제

3. **공유자산** : 공유자 각자

9. 양도소득세 세율

1. **토지 또는 건물·부동산에 관한 권리 및 기타자산**: 6 ~ 45%(분양권의 경우에는 양도소득 과세표준의 100분의 60)

2. **토지 또는 건물 및 부동산에 관한 권리로서 그 보유기간이 1년 이상 2년 미만**: 양도소득 과세표준의 100분의 40(주택, 조합원입주권 및 분양권의 경우에는 100분의 60)

3. **토지 또는 건물 및 부동산에 관한 권리로서 그 보유기간이 1년 미만**: 양도소득 과세표준의 100분의 50(주택, 조합원입주권 및 분양권의 경우에는 100분의 70)

4. **비사업용 토지**: [기본세율 + 10%p] → [16 ~ 55%]

5. **미등기양도자산**: 양도소득 과세표준의 100분의 70

6. **주식 등**

7. **해외주식**

8. **파생상품**

9. **신탁 수익권**

10. ~~[1세대 2주택 + 조정대상지역 주택 양도]: [기본세율 + 20%p] → [26 ~ 65%]~~

11. ~~[1세대 3주택 이상 + 조정대상지역 주택 양도]: [기본세율 + 30%p] → [36 ~ 75%]~~

　　❑ 세율 적용시 주의사항
　　　(1) **하나의 자산이 둘 이상에 해당**: 산출세액 중 큰 것
　　　(2) **세율 적용시 보유기간 계산(취득일)**
　　　　① **상속받은 자산을 양도하는 경우**: 피상속인이 그 자산을 취득한 날
　　　　② **이월과세**: 증여자가 그 자산을 취득한 날

10. 미등기양도

1. **미등기양도자산**: 토지·건물 및 부동산에 관한 권리를 취득한 자가 그 자산 취득에 관한 등기를 하지 않고 양도하는 것

2. **미등기양도자산에 대한 규제**
　　① 비과세와 감면: 배제
　　② 필요경비개산공제: 0.3%
　　③ 장기보유특별공제와 양도소득기본공제: 배제(양도차익＝양도소득금액＝과세표준)
　　④ 세율: 70%

3. **미등기양도자산 제외**
　　① 장기할부조건
　　② 법률의 규정 또는 법원의 결정에 따라 등기가 불가능한 자산
　　③ 비과세요건을 충족한 교환·분합하는 농지, 감면요건을 충족한 자경농지 및 대토하는 농지
　　④ 비과세요건을 충족한 1세대 1주택으로서 건축허가를 받지 않은 경우
　　⑤ 「도시개발법」에 따른 도시개발사업이 종료되지 아니하여 양도하는 토지
　　⑥ 건설사업자가 「도시개발법」에 따라 공사용역 대가로 취득한 체비지를 토지구획환지처분공고 전에 양도하는 토지

11. 양도소득세의 예정신고와 납부

1. 예정신고 · 납부기한
  ① 토지 · 건물, 부동산에 관한 권리, 기타자산, 신탁 수익권 : 양도일이 속하는 달의 말일부터 2개월 이내(2/4 토지 양도 : 4/30)
  ② 주식 등 : 양도일이 속하는 반기(半期)의 말일부터 2개월 이내(2/4 주식 양도 : 8/31)
  ③ 부담부증여 : 양도일이 속하는 달의 말일부터 3개월 이내(2/4 부담부증여 : 5/31)

2. 양도차익이 없거나 양도차손이 발생한 경우에도 적용한다(의무).

3. 예정신고 · 납부세액공제 : 폐지

4. 예정신고 · 납부 × → 가산세 ○
  ① 무신고가산세 : 20%(일반), 40%(부당)
  ② 과소신고가산세 : 10%(일반), 40%(부당)
  ③ 납부지연가산세 : ㉠ + ㉡
    ㉠ 미납세액×(납부기한의 다음 날 ~ 납부일)×1일 10만분의 22
    ㉡ 납부고지 후 미납세액×100분의 3

12. 양도소득세의 확정신고와 납부

1. 확정신고 · 납부기한
  ① 그 과세기간의 다음 연도 5월 1일부터 5월 31일까지
  ② 해당 과세기간의 과세표준이 없거나 결손금액이 있는 경우에도 적용한다(의무).
  ③ 예정신고를 한 자는 ①에도 불구하고 해당 소득에 대한 확정신고를 하지 아니할 수 있다. 다만, 당해 연도에 누진세율의 적용대상 자산에 대한 예정신고를 2회 이상 한 자가 이미 신고한 양도소득금액과 합산하여 신고하지 아니한 경우에는 그러하지 아니하다.

2. 확정신고 · 납부 × → 가산세 ○
  ① 무신고가산세 : 20%(일반), 40%(부당)
  ② 과소신고가산세 : 10%(일반), 40%(부당)
  ③ 납부지연가산세 : ㉠ + ㉡
    ㉠ 미납세액×(납부기한의 다음 날 ~ 납부일)×1일 10만분의 22
    ㉡ 납부고지 후 미납세액×100분의 3
  ④ 예정신고와 관련하여 가산세가 부과되는 부분에 대해서는 확정신고와 관련하여 무신고가산세를 적용하지 아니한다(중복 ×).

3. 감정가액 또는 환산취득가액 적용에 따른 가산세
  ① 건물을 신축 또는 증축하고 5년 이내에 양도하는 경우
  ② 감정가액 또는 환산취득가액을 그 취득가액으로 하는 경우
  ③ 감정가액 또는 환산취득가액의 100분의 5

13. 양도소득세의 분할납부와 부가세

1. 분할납부
  ① 예정신고납부·확정신고납부할 세액이 각각 1천만원 초과
  ② 납부기한이 지난 후 2개월 이내
  ③ 분납할 수 있는 세액(나중에 낼 수 있는 금액)
    ㉠ 납부할 세액이 2천만원 이하인 때 : 1천만원을 초과하는 금액
    ㉡ 납부할 세액이 2천만원을 초과하는 때 : 그 세액의 100분의 50 이하의 금액

사례 2/4일 토지를 양도한 경우

납부할 세액	예정신고납부기한(4/30)	분할납부(6/30)
㉠ 15,000,000원	10,000,000원 ↑	5,000,000원 ↓
㉡ 30,000,000원	15,000,000원 ↑	15,000,000원 ↓

2. 물납 : 폐지(2015.12.15.)

3. 양도소득세의 부가세 : 농어촌특별세(감면세액의 20%)

14. 국외자산양도에 대한 양도소득세

1. 납세의무자 : 5년 이상

2. 국외자산 양도소득의 범위(과세대상자산) : 등기 여부와 관계없이 과세
  🤍 환율변동으로 인한 환차익을 제외

3. 양도가액·취득가액의 산정 : 실지거래가액

4. 필요경비개산공제 : 적용 배제

5. 장기보유특별공제 : 적용 배제

6. 양도소득기본공제 : 적용(소득별, 연 250만원)

7. 양도차익의 외화환산 : 기준환율(USD : ₩) 또는 재정환율(USD 이외 : ₩)

8. 국외자산 양도소득세의 세율 : 기본세율(6~45%)
  🤍 **국내자산과 비교** : 미등기양도세율, 보유기간 관계없음

9. 외국납부세액의 공제(둘 중 선택 가능)
  ① 산출세액에서 공제하는 방법(외국납부세액공제방법)
  ② 필요경비에 산입하는 방법

10. 분할납부 ○, **물납** ×

15. 비과세 양도소득

1. 파산선고에 의한 처분으로 발생하는 소득

2. **농지의 교환** 또는 분합으로 인하여 발생하는 소득 : ① + ② **동시충족**
   (1) **사유요건**(어느 하나에 해당하는 경우)
   ① **국가** 또는 지방자치단체가 시행하는 사업
   ② **국가** 또는 지방자치단체가 소유하는 토지와 교환
   ③ **경작상 필요**에 의하여 교환하는 농지. 다만, 교환에 의하여 새로이 취득하는 농지를 3년 이상 농지소재지에 거주하면서 경작하는 경우에 한한다.
      ㏗ 새로운 농지의 취득 후 3년 이내에 수용되는 경우에는 3년 이상 농지소재지에 거주하면서 경작한 것으로 본다.
   ④ 「농어촌정비법」 등에 의하여 교환 또는 분합하는 농지
   (2) **금액요건**
   쌍방 토지가액의 차액이 가액이 큰 편의 4분의 1 이하인 경우

3. 1세대 1주택(고가주택은 제외)과 이에 딸린 토지(주택부수토지)의 양도로 발생하는 소득

4. 조합원입주권을 1개 보유한 1세대가 법정 요건을 충족하여 양도하는 경우 해당 조합원입주권을 양도하여 발생하는 소득

5. 「지적재조사에 관한 특별법」 제18조에 따른 경계의 확정으로 지적공부상의 면적이 감소되어 같은 법 제20조에 따라 지급받는 조정금

   ㏗ 8년 이상 자경한 농지의 양도, 농지의 대토로 인하여 발생하는 소득 : 감면

16. 1세대 1주택의 양도소득에 대한 비과세

1. 1세대
(1) 원칙 : 거주자 + 배우자
(2) 예외 : 배우자가 없는 때에도 1세대로 본다.

2. 1주택
(1) 원칙 : 양도일 현재 국내에 1주택을 보유
　① 주택의 개념 : 상시 주거용
　② 부수토지 : 3배, 5배, 10배
　③ 용도구분 : 사실상의 용도
　④ 다가구주택(각각) : 하나의 매매단위 → 전체를 하나의 주택
(2) 겸용주택 : 면적
(3) 고가주택 : 양도당시 실지거래가액의 합계액이 12억원을 초과
(4) 1세대 1주택의 특례(1세대 2주택)
　① 원칙 : 과세
　② 예외 : 1세대 1주택으로 본다.
　　㉠ 일시적인 2주택의 경우 : 1년 이상 지난 후, 3년 이내 종전의 주택
　　㉡ 상속 : 일반주택
　　㉢ 동거봉양 : 합친 날부터 10년 이내 먼저 양도하는 주택
　　㉣ 혼인 : 혼인한 날부터 10년 이내 먼저 양도하는 주택
　　㉤ 법률에 따른 지정문화유산, 국가등록문화유산 및 천연기념물 등 주택 : 일반주택
　　㉥ 농어촌주택 : 일반주택
　　㉦ 지방주택(수도권 밖에 소재하는 주택) : 3년 이내 일반주택

3. 2년 이상 보유
(1) 원칙 : 양도일 현재 해당 주택의 보유기간이 2년 이상
　cf 2017.08.03. 이후 취득 당시 조정대상지역 : 거주기간 2년 이상
(2) 예외 : 보유기간 및 거주기간의 제한을 받지 아니하는 경우
　① 5년 이상 거주 : 임대주택
　② 거주기간에 제한 ×
　　㉠ 수용
　　㉡ 이민 : 출국일부터 2년 이내 양도
　　㉢ 유학, 주재원 파견 : 출국일부터 2년 이내 양도
　③ 1년 이상 거주 : 취학(고등학교 이상), 근무상의 형편, 질병의 치료 또는 요양, 학교 폭력으로 인한 전학

17. 이월과세(양도소득의 필요경비 계산 특례)

(= 배우자·직계존비속간 증여재산에 대한 이월과세)

(토지, 건물, 부동산을 취득할 수 있는 권리, 특정시설물이용권·회원권)

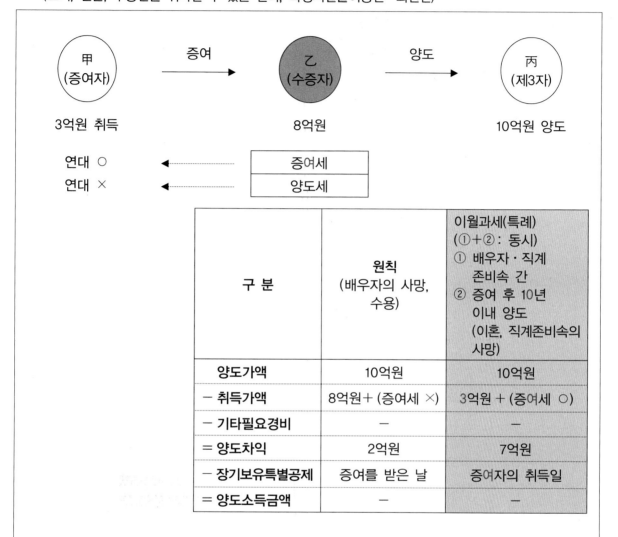

구 분	원칙 (배우자의 사망, 수용)	이월과세(특례) (①+②: 동시) ① 배우자·직계 존비속 간 ② 증여 후 10년 이내 양도 (이혼, 직계존비속의 사망)
양도가액	10억원	10억원
− 취득가액	8억원+ (증여세 ×)	3억원 + (증여세 ○)
− 기타필요경비	−	−
= 양도차익	2억원	7억원
− 장기보유특별공제	증여를 받은 날	증여자의 취득일
= 양도소득금액	−	−

용어 **이월과세의 적용배제** ⇨ 원칙

1. 사업인정고시일부터 소급하여 2년 이전에 배우자·직계존비속으로부터 증여받은 경우로서 법률에 따라 협의매수 또는 수용된 경우

2. 이월과세를 적용할 경우 1세대 1주택의 양도소득에 대한 비과세대상 주택의 양도에 해당하게 되는 경우

3. 이월과세를 적용하여 계산한 양도소득결정세액이 이월과세를 적용하지 않고 계산한 양도소득결정세액 보다 적은 경우

18. 저가양도 · 고가양수

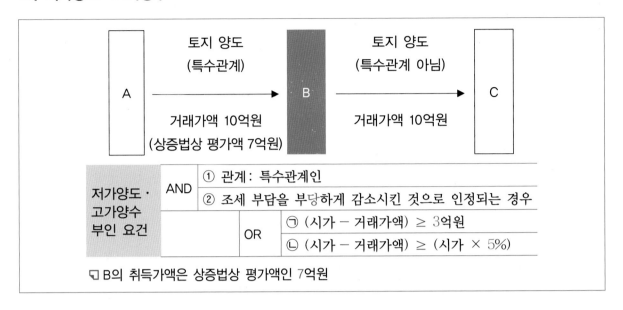

19. 증여 후 양도행위의 부인(우회양도 부인)

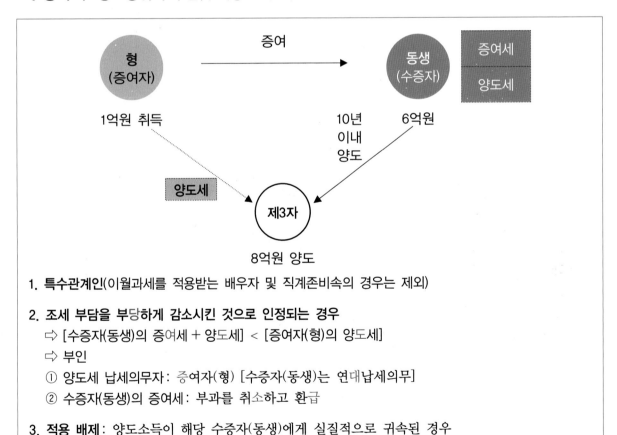

1. **특수관계인**(이월과세를 적용받는 배우자 및 직계존비속의 경우는 제외)

2. **조세 부담을 부당하게 감소시킨 것으로 인정되는 경우**
   ⇨ [수증자(동생)의 증여세 + 양도세] < [증여자(형)의 양도세]
   ⇨ 부인
   ① 양도세 납세의무자: 증여자(형) [수증자(동생)는 연대납세의무]
   ② 수증자(동생)의 증여세: 부과를 취소하고 환급

3. **적용 배제**: 양도소득이 해당 수증자(동생)에게 실질적으로 귀속된 경우

취득세

1. 취득의 구분

취득	사실상의 취득	원시취득	토지	공유수면매립·간척
			건축물	건축 (신축과 재축)
		승계취득	유상승계	매매, 교환, 현물출자
			무상승계	상속, 증여
	취득의제 (간주취득)	토지	지목변경	임야 ⇨ 대지
		건축물	건축(신축과 재축은 제외), 개수	
		과점주주 의 취득	50%초과, 설립 ×	① 최초(모두) ② 증가된 경우(증가분)

(1) 건 축

–		건축	–
원시취득	⇦	신축	취득의제
(신축, 재축)		증축	⇨ 건축(신축, 재축 제외)
	⇦	재축	⇨ 증축, 개축, 이전
① 과표 : 사실상 취득가격		개축	⇨ ① 과표 : 사실상 취득가격
② 세율 : 2.8%		이전	⇨ ② 세율 : 2.8%

(2) 토지의 지목변경

구 분			
지 목	임 야	–	대 지
–	100,000,000원	–	300,000,000원
소요된 비용	–	50,000,000원	–
① 과세표준	–	변경으로 증가한 가액에 해당하는 사실상 취득가격 200,000,000원 (3억원 − 1억원)	–
② 세율 : 2% (세율의 특례)	–	2% (중과기준세율)	–
③ 산출세액	–	4,000,000원	–

2. 과점주주(50% 초과 + 실질적 행사)

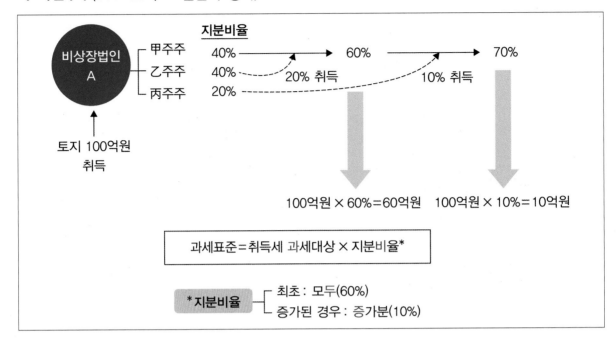

3. 취득세 과세대상

1. 토 지

2. 건축물 : 사실상 용도에 따라 과세, 무허가 건축물도 과세

3. 차량, 기계장비, 선박, 항공기
   - ⓒ 원시취득 : 과세제외, 승계취득 : 과세

4. 광업권, 어업권, 양식업권
   - ⓒ 출원에 의한 원시취득은 면제, 승계취득은 과세

5. 입 목

6. 골프 회원권, 승마 회원권, 콘도미니엄 회원권, 종합체육시설 이용 회원권, 요트 회원권

4. 취득세 납세의무자

1. 원칙 : 사실상의 취득자

2. 예 외
   - (1) 주체구조부 취득자 : 건축물 중 조작설비~주체구조부 취득자 외의 자가 가설한 경우에도
   - (2) 변경시점의 소유자 : 토지의 지목을 사실상 변경하는 경우
   - (3) 상속인
   - (4) 조합원 : 주택조합 등이 해당 조합원용으로 취득
   - (5) 과점주주(50% 초과 + 실질적 행사)
     - ① 최초 → 모두
     - ② 증가된 경우 → 증가분
     - ③ 설립시 과점주주 : 취득으로 보지 아니한다.

5. 취득세 취득시기

1. 무상취득
(1) 상속 : 상속개시일

(2) 증여 : 계약일   **cf** 양도세 : 증여를 받은 날

　　cf 등기 · 등록하지 않고 계약이 해제된 사실이 입증 : 취득한 것으로 보지 않는다.

2. 유상승계취득
(1) 사실상의 잔금지급일

(2) 사실상의 잔금지급일을 확인할 수 없는 경우 : 계약상의 잔금지급일

　　cf 등기 · 등록하지 않고 계약이 해제된 사실이 입증 : 취득한 것으로 보지 않는다.

(3) 예외 : 등기 · 등록일(계약상 및 사실상 잔금지급일 전에 등기 · 등록한 경우)

3. 연부취득 : 사실상의 연부금 지급일

4. 건축물을 건축(신축) : 사용승인서를 내주는 날과 사실상의 사용일 중 빠른 날

5. 주택조합(사용검사를 받은 날), 재건축조합(소유권이전고시일의 다음 날)

6. 매립 · 간척으로 인한 원시취득
(1) 공사준공인가일

(2) 다만, 공사준공인가일 전에 사용승낙 · 허가를 받거나 사실상 사용하는 경우에는 사용승낙일 · 허가일 또는 사실상 사용일 중 빠른 날

7. 토지의 지목변경
(1) 원칙 : 사실상 변경된 날과 공부상 변경된 날 중 빠른 날

(2) 예외 : 토지의 지목변경일 이전에 사용하는 부분에 대해서는 그 사실상의 사용일

8. 이혼(재산분할) : 등기 · 등록일

6. 취득세 과세표준

1. 과세표준의 기준 : 취득 당시의 가액. 연부취득(연부금액)

2. 무상취득
(1) 증여 : 시가인정액(매매사례가액, 감정가액, 공매가액 등)

(2) 상속 : 시가표준액

3. 유상승계취득 : 사실상의 취득가격

4. 원시취득 : 사실상 취득가격

5. 토지의 지목변경(임야 → 대지) : 변경으로 증가한 가액에 해당하는 사실상 취득가격

7. 사실상 취득가격의 범위 등

1. **사실상의 취득가격 :** (직접비용 + 간접비용)

2. **취득대금을 일시급 등으로 지급하여 일정액을 할인받은 경우 :** 할인된 금액

3. **취득가격에 포함 ○**
   (1) 건설자금에 충당한 차입금의 이자(건설자금이자)
       ① 개인 ×
       ② 법인 ○
   (2) 할부 또는 연부계약에 따른 이자 상당액
       ① 개인 ×
       ② 법인 ○
   (3) 농지보전부담금, 미술작품의 설치 또는 문화예술진흥기금에 출연하는 금액, 대체산림자원조성비 등 관계법령에 따라 의무적 부담
   (4) 취득에 필요한 용역을 제공받은 대가로 지급하는 용역비·수수료
   (5) 취득대금 외에 당사자의 약정에 따른 취득자 조건 부담액과 채무인수액
   (6) 매각차손
   (7) 「공인중개사법」에 따른 공인중개사에게 지급한 중개보수
       ① 개인 ×
       ② 법인 ○
   (8) 붙박이 가구·가전제품 등 건축물의 효용을 유지 또는 증대시키기 위한 설비·시설 등의 설치비용
   (9) 정원 또는 부속시설물 등을 조성·설치하는 비용

4. **취득가격에 포함 ×**
   (1) 판매를 위한 광고선전비 등의 판매비용
   (2) 「전기사업법」 등 법률에 따라 이용하는 자가 분담하는 비용
   (3) 취득물건과는 별개의 권리에 관한 보상 성격으로 지급되는 비용
   (4) 부가가치세

8. 취득세 표준세율

부동산 취득	표준세율			
① 상속으로 인한 취득	농지	1천분의 23(2.3%)		
	농지 외의 것	1천분의 28(2.8%)		
② 상속 외의 무상취득(증여)	1천분의 35(3.5%) (비영리사업자의 취득은 2.8%) (조정대상지역 내 + 3억원 이상 주택) : 12% 　♩ 단, 1세대 1주택자가 소유주택을 배우자·직계존비속에게 증여한 　　 경우 3.5% 적용			
③ 원시취득(신축, 재축)	1천분의 28(2.8%)	건축(신축, 재축 제외) 또는 개수로 인하여 건축 물 면적이 증가할 때 그 증가된 부분 포함		
④ 공유물의 분할(본인지분을 초 　과하는 부분의 경우는 제외)	1천분의 23(2.3%)			
⑤ 합유물 및 총유물의 분할로 　인한 취득	1천분의 23(2.3%)			
⑥ 그 밖의 원인으로 인한 취득 　(유상승계취득 : 매매, 교환, 　현물출자, 기타 유상취득)	농지	1천분의 30(3%)		
	농지 외의 것	1천분의 40(4%)		
⑦ 유상거래를 원인으로 　주택을 취득하는 경우	개인	1주택 (1~3%)	㉠ 6억원 이하	1%
			㉡ 6억원 초과 9억원 이하	$(취득당시가액 \times \frac{2}{3억원} - 3)$ $\times \frac{1}{100}$
			㉢ 9억원 초과	3%
		―	조정*	비조정
		2주택	8%	1~3%
		3주택	12%	8%
		4주택 이상	12%	12%
	법인			12%
	♩ 단, 일시적 2주택은 1주택 세율 적용(1~3%) *조정 : 조정대상지역, 非조정 : 그 外 지역			

9. 취득세 중과세율

1. **사치성 재산**
   [표준세율과 중과기준세율(2%)의 100분의 400을 합한 세율을 적용]
   → [표준세율 + 8%]
   ① 골프장   ② 고급주택   ③ 고급오락장   ④ 고급선박

2. **과밀억제권역 안**: 서울특별시, 인근 수도권
   [표준세율에 1천분의 20(중과기준세율)의 100분의 200을 합한 세율을 적용]
   → [표준세율 + 4%]
   ① 과밀억제권역에서 공장을 신설하거나 증설하기 위하여 사업용 과세물건을 취득하는 경우
   ② 과밀억제권역에서 법인의 본점·주사무소 사업용 부동산 취득

3. **대도시 안**: 과밀억제권역(단, 산업단지 제외)
   [표준세율의 100분의 300에서 중과기준세율(2%)의 100분의 200을 뺀 세율을 적용]
   → [(표준세율 × 3배) − 4%]
   ① 대도시에서 공장을 신설하거나 증설함에 따라 부동산을 취득하는 경우
   ② 대도시에서 법인의 설립·설치·전입에 따른 부동산 취득

10. 취득세 세율의 특례

1. [표준세율 − 2%]
   ① 환매등기
   ② 상속: 1가구 1주택, 감면대상 농지
   ③ 법인의 합병
   ④ 공유물·합유물의 분할(등기부등본상 본인지분을 초과하지 아니함)
   ⑤ 건축물의 이전(이전한 건축물의 가액이 종전 건축물의 가액을 초과하지 아니함)
   ⑥ 이혼(재산분할청구)

2. 2%(중과기준세율)
   ① **개수**(개수로 인하여 건축물 면적이 증가하지 아니함)
      cf 증가된 부분: 원시취득(2.8%)
   ② **토지의 지목변경**
   ③ **과점주주의 취득**
   ④ 존속기간이 1년을 초과하는 **임시건축물**의 취득

11. 취득세 부과징수 1

1. **납세지**: 취득 물건 소재지 관할 특·광·도(부과·징수: 시장·군수·구청장 → 위임징수)

2. **부과·징수**

  (1) **원칙**: 신고 및 납부

    ① **취득한 날부터 60일 이내에 신고·납부**

    ② **상속**: 상속개시일이 속하는 달의 말일부터 **6개월(외국에 주소를 둔 상속인이 있는 경우에는 9개월) 이내에 신고·납부**

    ③ 무상취득(상속은 제외한다: 증여): 취득일(증여 계약일)이 속하는 달의 말일부터 3개월 이내에 신고·납부

    ④ 취득한 후 **중과세 세율 적용**대상이 되었을 경우: **60일 이내** 산출한 세액에서 이미 납부한 세액(가산세는 제외)을 공제하여 신고·납부

> 🗭 60일 이내 신고·납부
> ㉠ 일반 세율 → 중과세 세율
>   [일반 토지 → 5년 이내 고급오락장 부속토지]
> ㉡ 비과세 → 부과대상
>   [임시 건축물(모델하우스) → 1년 초과(2%)]
> ㉢ 과세면제 또는 경감 → 추징대상

    ⑤ 위의 신고·납부기한 이내에 재산권과 그 밖의 권리의 취득·이전에 관한 사항을 공부에 등기하거나 등록하려는 경우에는 **등기 또는 등록 신청서를 등기·등록관서에 <u>접수하는 날까지</u>** 취득세를 신고·납부하여야 한다.

  (2) **예외**: 보통징수

  (3) **통보 등**

    국가 등이 취득세 과세물건을 매각하면 <u>매각일부터 30일 이내</u> 지방자치단체의 장에게 통보하거나 신고하여야 한다.

  (4) **등기자료의 통보**

    ① 등기·등록관서의 장은 취득세가 납부되지 아니하였거나 납부부족액을 발견하였을 때에는 납세지를 관할하는 지방자치단체의 장에게 통보하여야 한다.

    ② 등기·등록관서의 장은 등기 또는 등록 후에 취득세가 납부되지 아니하였거나 납부부족액을 발견하였을 때에는 <u>다음 달 10일까지</u> 납세지를 관할하는 시장·군수·구청장에게 통보하여야 한다.

12. 취득세 부과징수 2

3. 부족세액의 추징 및 가산세
   (1) 신고불성실가산세: 10%(일반과소), 20%(일반무신고), 40%(부정)
   (2) 납부지연가산세: (①+②+③)
   ① 신고납부하는 지방세의 법정납부기한까지 납부하지 아니한 세액×일수×10만분의22(0.022%), 연 8.03%(일할)
   ② 납세고지서에 따른 납부기한까지 납부하지 아니한 세액×3%(1회)
   ③ 납세고지서에 따른 납부기한이 지난 날부터 1개월이 지날 때마다×0.75%(월할)
   (3) 장부 등의 작성과 보존: ① **법인**   ② 10%

4. 중가산세
   (1) 신고를 하지 아니하고 매각하는 경우
   (2) 중가산세 = 산출세액×80%
   (3) 중가산세에서 제외되는 재산
   ① 등기 또는 등록이 필요하지 아니하는 과세물건
   ② 지목변경, 주식 등의 취득 등 취득으로 보는 과세물건

5. 기한 후 신고: 무신고
   (1) 법정신고기한까지 과세표준신고서를 제출하지 아니한 자
   (2) 결정하여 통지하기 전
   (3) 가산세 감면: 빨리, 납부지연가산세 감면 ×
   ① 법정신고기한이 지난 후 1개월 이내: 무신고가산세×50%
   ② 1개월 초과 3개월 이내: 무신고가산세×30%
   ③ 3개월 초과 6개월 이내: 무신고가산세×20%

6. 면세점: ① 취득가액 50만원 이하   ② 1년 이내, 인접

7. 부가세: **농어촌특별세, 지방교육세**

13. 취득세 비과세

1. 국가 · 지방자치단체 등의 취득
   ① 모든 취득세 과세대상: 비과세   ② 외국정부: 상호주의

2. 귀속 또는 기부채납: 부동산
   ① 귀속 등의 조건을 이행 ×: 과세   ② 반대급부: 과세

3. 신탁: 「신탁법」에 따른 신탁으로서 신탁등기가 병행되는 것만 해당
   ① 주택조합등과 조합원 간의 부동산 취득: 과세
   ② 주택조합등의 비조합원용 부동산 취득: 과세

4. 환매권의 행사: 「징발재산정리에 관한 특별조치법」

5. 임시건축물의 취득: 모델하우스, 공사현장사무소
   ① 존속기간 1년 초과: 과세(2%) (60일 이내 신고 · 납부)
   ② 사치성재산: 기간에 상관없이 과세

6. 공동주택의 개수
   ① 시가표준액이 9억원 이하인 공동주택   ② 「건축법」에 따른 대수선은 제외(과세)

7. 상속개시 이전에 사용할 수 없는 차량

05 등록면허세

1. 등록면허세 납세의무자

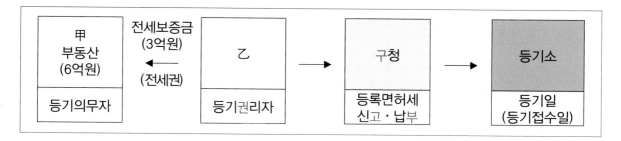

| 甲
부동산
(6억원) | 전세보증금
(3억원)
←
(전세권) | 乙 | → | 구청 | → | 등기소 |
| 등기의무자 | | 등기권리자 | | 등록면허세
신고·납부 | | 등기일
(등기접수일) |

2. 등록면허세 과세표준

1. 등록 당시의 가액
2. 신고 ⓒf 신고가 없거나 신고가액이 시가표준액보다 적은 경우 : 시가표준액
    → MAX (신고가액, 시가표준액)
3. 등록 당시에 자산재평가 또는 감가상각 등의 사유로 그 가액이 달라진 경우 : 변경된 가액
4. 채권금액이 없을 때 : 채권의 목적이 된 것의 가액 또는 처분의 제한의 목적이 된 금액

3. 등록면허세 세율

1. 부동산 등기

구 분		과세표준	세 율
① 소유권의 보존등기		부동산가액	1천분의 8(0.8%)
② 소유권 이전등기	유 상	부동산가액	1천분의 20(2%)
	무 상	부동산가액	1천분의 15(1.5%) ⓒf 상속 : 0.8%
③ 소유권 외의 물권과 임차권의 설정 및 이전	지상권	부동산가액	1천분의 2(0.2%)
	저당권	채권금액	1천분의 2(0.2%)
	지역권	요역지가액	1천분의 2(0.2%)
	전세권	전세금액	1천분의 2(0.2%)
	임차권	월임대차금액	1천분의 2(0.2%)
④ 경매신청·가압류·가처분		채권금액	1천분의 2(0.2%)
⑤ 가등기		부동산가액 또는 채권금액	1천분의 2(0.2%)
⑥ 그 밖의 등기(말소등기, 지목변경, 구조변경 등)		매 1건당	6,000원

🔲 세율 적용시 유의사항
1. 최저세액 : 등록면허세액이 6천원 미만일 때에는 6천원으로 한다.
2. 세율의 조정 : 지방자치단체의 장은 조례로 정하는 바에 따라 등록면허세의 세율을 부동산등기에 따른 표준세율의 100분의 50의 범위에서 가감할 수 있다.

2. 중과세율 : 표준세율의 100분의 300(3배)
    ① 대도시에서 법인의 설립등기 ⓒf 중과세 예외(도시형 업종) 예 할부금융업, 은행업
    ② 대도시 밖의 법인이 대도시로 전입

4. 등록면허세 부과와 징수

1. 납세지: 부동산 등기 → **부동산 소재지** → **등록관청 소재지**

2. 신고 및 납부
   (1) 원칙: 신고 및 납부
   ① 등록을 하기 전까지(등기·등록관서에 접수하는 날까지)
   ② 신고의무 ×, 납부 ○ → 신고를 하고 납부한 것으로 본다.
      → 무신고가산세 및 과소신고가산세를 부과하지 아니한다(용서).
   (2) 예외: 보통징수
   (3) 채권자대위자 신고납부
   ① 채권자대위자는 납세의무자를 대위하여 부동산의 등기에 대한 등록면허세를 신고납부할 수 있다. 이 경우 채권자대위자는 행정안전부령으로 정하는 바에 따라 납부확인서를 발급받을 수 있다.
   ② 지방자치단체의 장은 ①에 따른 채권자대위자의 신고납부가 있는 경우 납세의무자에게 그 사실을 즉시 통보하여야 한다.

3. 가산세: 취득세의 가산세 내용과 동일

4. 등록면허세 납부 확인 등: 첨부

5. 부가세
   (1) 지방교육세: 납부하여야 할 세액의 100분의 20
   (2) 농어촌특별세: 감면세액에 100분의 20

5. 등록면허세 비과세

1. 국가, 지방자치단체, 지방자치단체조합, 외국정부 및 주한국제기구가 **자기를 위하여 받는 등록**
   ⓒⓕ **외국정부: 상호주의**

2. 다음의 어느 하나에 해당하는 등록
   ① 「채무자 회생 및 파산에 관한 법률」에 따른 등기 또는 등록
   ② 행정구역의 변경, 주민등록번호의 변경, 지적(地籍) 소관청의 지번 변경, 계량단위의 변경, 등록 담당 공무원의 착오 및 이와 유사한 사유로 인한 등록으로서 주소, 성명, 주민등록번호, 지번, 계량단위 등의 단순한 표시변경·회복 또는 경정 등록
   ③ 그 밖에 지목이 묘지인 토지(무덤과 이에 접속된 부속시설물의 부지로 사용되는 토지로서 지적 공부상 지목이 묘지인 토지에 관한 등기)

재산세

1. 재산세 과세대상

토 지	(그림)	cf 주택의 부속토지는 제외	① 분리과세대상 : 개별과세 ② 합산과세대상 : 합산과세
건축물	(그림)	① 건축물 ② 시설물 cf 주택용 건물은 제외	개별과세
주 택	(그림)	주택용 건물과 부수토지를 <u>통합</u>하여 과세 cf 경계가 명백하지 아니한 경우 : 바닥면적의 10배	개별과세
선 박	—	—	개별과세
항공기	—	—	개별과세

1. 개별과세[재산세(주택)]

```
        A                      B
   ┌─────────┐           ┌─────────┐
10%( 1,000  )        10%( 1,000  )
   └─────────┘           └─────────┘
        ↓                      ↓
       100           +        100      ⇨  (200)
```

2. 합산과세[재산세(토지 중 종합합산, 별도합산), 종합부동산세, 양도소득세]

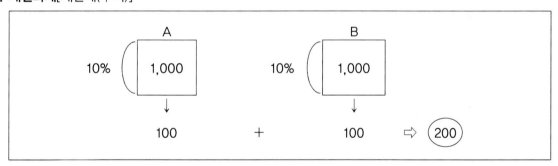

```
    A           B              C
┌───────┐   ┌───────┐     ┌───────┐
│ 1,000 │ + │ 1,000 │  =  │ 1,000 )  ⇨  20%  ⇨  200
└───────┘   └───────┘     ├───────┤              +
                          │ 1,000 )  ⇨  10%  ⇨  100
                          └───────┘

                                        ⇩

                                      (300)
```

2. 토지의 과세대상 구분

- **고율분리과세** : 사치성재산(골프장용 토지, 고급오락장용 건축물의 부속토지) : 4%
- **종합합산과세** : 나대지, 임야　　　　　　　　　 : 0.2% ~ 0.5%(3단계 초과누진세율)
- **별도합산과세** : 일반 영업용 건축물의 부속토지 : 0.2% ~ 0.4%(3단계 초과누진세율)
- **저율분리과세** ┌ 공장용지　　　　　　　　　　 : 0.2%
　　　　　　　　　 └ 농지, 목장용지, 공익목적 임야 : 0.07%

고율 분리	사치성 재산	4%	① 골프장용 토지(회원제 골프장) ② 고급오락장으로 사용되는 건축물의 부속토지
종합 (합산)	나대지, 임야	0.2~0.5% (3단계 초과 누진세율)	① 위법, 무허가 건축물의 부속토지 : 종합 ② 2% 미달 　㉠ 바닥면적 : 별도 　㉡ 바닥면적을 제외한 부속토지 : 종합
별도 (합산)	일반 영업용 건축물의 부속 토지	0.2~0.4% (3단계 초과 누진세율)	① 일반영업용 건축물의 부속토지 　㉠ 기준면적 이내 : 별도 　㉡ 초과 : 종합 ② 별도합산 의제 토지 　㉠ 차고용 토지 　㉡ 자동차운전학원용 토지 　㉢ 법인 묘지 　㉣ 원형이 보전되는 임야
저율 분리	공장 용지	0.2%	① 공장용지 　㉠ 초과 : 종합 　㉡ (주거·상업·녹지지역 + 기준면적 이내) : 별도 ② 국가의 보호·지원이 필요한 토지(0.2%) 　㉠ 한국토지주택공사　　㉡ 염전 　㉢ 재건축　　　　　　　㉣ 부동산투자회사 　㉤ 터미널용 토지
	농지, 목장 용지, 공익목적 임야	0.07%	① 농 지 　㉠ 경작에 사용 × : 종합 　㉡ 주거·상업·공업지역 : 종합 　㉢ 법인 및 단체 소유농지 : 종합 　　└ 저율분리 　　　ⓐ 농업법인　　　　ⓑ 한국농어촌공사 　　　ⓒ 사회복지사업자　ⓓ 법인이 매립·간척 　　　ⓔ 종중 ② 목장용지 　㉠ 초과 : 종합 　㉡ 주거·상업·공업지역 : 종합 ③ 공익목적 임야 　㉠ 각종 법률　　　㉡ 종중

3. 재산세 과세표준

1. 토지 · 건축물에 대한 재산세 과세표준(개인 · 법인 동일)

> 시가표준액 × 공정시장가액비율(70%)

 ⓒⓕ **토지의 시가표준액 = 개별공시지가**

2. 주택에 대한 재산세 과세표준(개인 · 법인 동일)

> 시가표준액 × 공정시장가액비율(60%)

 ⓒⓕ ① **단독주택의 시가표준액 = 개별주택가격**
    ② **공동주택의 시가표준액 = 공동주택가격**
 ⓒⓕ 1세대 1주택(시가표준액이 9억원을 초과하는 주택을 포함)
    ① 시가표준액이 3억원 이하인 주택 : 시가표준액의 100분의 43
    ② 시가표준액이 3억원을 초과하고 6억원 이하인 주택 : 시가표준액의 100분의 44
    ③ 시가표준액이 6억원을 초과하는 주택 : 시가표준액의 100분의 45

 ⬑ **과세표준상한액**
 ① 주택의 과세표준이 다음 계산식에 따른 과세표준상한액보다 큰 경우에는 해당 주택의 과세표준은 과세표준상한액으로 한다.
 ② 과세표준상한액 = 대통령령으로 정하는 직전 연도 해당 주택의 과세표준 상당액 + (과세기준일 당시 시가표준액으로 산정한 과세표준 × 과세표준상한율)
 ③ 과세표준상한율 = 소비자물가지수, 주택가격변동률, 지방재정 여건 등을 고려하여 0에서 100분의 5 범위 이내로 대통령령으로 정하는 비율

3. 선박 · 항공기에 대한 재산세 과세표준 : 시가표준액

4. 재산세 세율

1. 세 율

구 분	과세대상		세 율
표준 세율	토 지	고율분리과세: 사치성 재산 (골프장용토지, 고급오락장용 건축물의 부속토지)	1천분의 40(4%)
		종합합산과세: 나대지, 임야 ⇨ 시·군별 합산과세	0.2~0.5% (3단계 초과누진세율)
		별도합산과세: 일반 영업용 건축물의 부속토지 ⇨ 시·군별 합산과세	0.2~0.4% (3단계 초과누진세율)
		저율분리과세 ⇨ 물건별 과세(개별과세)	–
		① 공장용지	1천분의 2(0.2%)
		② 농지(전·답·과수원), 목장용지, 공익목적 임야	1천분의 0.7(0.07%)
	건축물	주택 이외 건축물(상업용, 공장용) ⇨ 물건별 과세	1천분의 2.5(0.25%)
		① 시지역의 주거지역 내 공장용 건축물	1천분의 5(0.5%)
		② 회원제골프장·고급오락장용 건축물	1천분의 40(4%)
	주 택	① 주택 및 부수토지(주택가액 + 토지가액) ⇨ 주택별 과세(개별과세), 고급주택 포함(중과세 ×)	0.1~0.4% (4단계 초과누진세율)
		② 1세대 1주택에 대한 세율 특례 (시가표준액이 9억원 이하인 주택)	0.05~0.35% (4단계 초과누진세율)
	선 박	일반선박	1천분의 3(0.3%)
		고급선박	1천분의 50(5%)
	항공기	–	1천분의 3(0.3%)
중과 세율	건축물	과밀억제권역(산업단지 및 유치지역과 공업지역은 제외)에서 공장 신설·증설에 해당하는 경우 그 건축물	최초의 과세기준일부터 5년간 표준세율(0.25%)의 100분의 500에 해당하는 세율

주의 형광펜
① 재산세 초과누진세율
② 종합부동산세 과세대상

2. 탄력세율

지방자치단체의 장은 특별한 재정수요나 재해 등의 발생으로 재산세의 세율 조정이 불가피하다고 인정되는 경우 조례로 정하는 바에 따라 **표준세율**의 **100분의** 50의 범위 안에서 **가감**할 수 있다. 다만, 가감한 세율은 **해당 연도**에만 적용한다. cf 5년간 (×)

5. 재산세 납세의무자

1. **원칙 － 과세기준일(6월 1일) 현재 사실상 소유자**
   (1) **공유재산인 경우**: 그 지분에 해당하는 부분(지분의 표시가 없는 경우에는 지분이 균등한 것으로 본다)에 대해서는 그 **지분권자**
   (2) **주택의 건물과 부속토지의 소유자가 다를 경우**: 그 주택에 대한 **산출세액**을 건축물과 그 부속토지의 **시가표준액 비율로 안분계산**한 부분에 대해서는 그 소유자 **cf** 면적비율 (×)

2. **예 외**
   (1) **공부상 소유자**: 사실상의 소유자를 알 수 없을 때
   (2) **주된 상속자**
      상속이 개시된 재산으로서 **상속등기가 이행되지 아니하고 사실상의 소유자를 신고하지 아니하였을 때**(**cf** 주된 상속자: 「민법」상 상속지분이 가장 높은 사람 → 나이가 가장 많은 사람)
   (3) **종중재산의 공부상의 소유자**: 종중소유임을 신고하지 아니하였을 때
   (4) **매수계약자**
      ① 국가, 지방자치단체, 지방자치단체조합 ＋ 연부 ＋ 무상
      ② 국가, 지방자치단체 및 지방자치단체조합 ＋ 선수금 ＋ 무상
   (5) **위탁자**: 「신탁법」 제2조에 따른 수탁자의 명의로 등기 또는 등록된 신탁재산의 경우
   (6) **사업시행자**: 체비지 또는 보류지
   (7) **사용자**: 귀속이 분명하지 아니하여

6. 재산세 부과 · 징수

1. 과세기준일 및 납기
   (1) 과세기준일 : 매년 6월 1일
   (2) 납 기
      ① 재산세의 납기
         ㉠ 토지 : 매년 9월 16일부터 9월 30일까지
         ㉡ 건축물 : 매년 7월 16일부터 7월 31일까지
         ㉢ 주택 : **2분의 1은 매년 7월 16일부터 7월 31일까지, 나머지 2분의 1은 9월 16일부터 9월 30일까지**(다만, 해당 연도에 부과할 세액이 **20만원 이하**인 경우에는 **7월 16일부터 7월 31일까지로 하여 한꺼번에 부과 · 징수**할 수 있다)
         ㉣ 선박 : 매년 7월 16일부터 7월 31일까지
         ㉤ 항공기 : 매년 7월 16일부터 7월 31일까지
      ② 수시로 부과 · 징수(과세대상 누락, 위법 또는 착오 등)

2. 징수방법 : 보통징수
   (1) **관할 지방자치단체의 장**이 세액을 산정
   (2) 납기개시 5일 전까지 발급

3. 물납 : **납부세액이 1천만원을 초과, 관할구역에 있는 부동산**에 대해서만
   (1) 물납의 신청 및 허가
      ① 신청 : 납부기한 10일 전까지
      ② 허가 : 신청을 받은 날부터 5일 이내
      ③ 물납하였을 때에는 납부기한 내에 납부한 것으로 본다.
   (2) 관리 · 처분이 부적당한 부동산의 처리
      ① 관리 · 처분하기가 부적당하다고 인정되는 경우 허가 ×
      ② 통지를 받은 날부터 10일 이내 변경 신청
      ③ 물납하였을 때에는 납부기한 내에 납부한 것으로 본다.
   (3) 물납허가 부동산의 평가 : 과세기준일 현재의 시가

4. 분할납부
   (1) **납부세액이 250만원을 초과, 납부할 세액의 일부를 납부기한이 지난 날부터 3개월 이내**
   (2) 분할납부세액
      ① 납부할 세액이 500만원 이하인 경우 : 250만원을 초과하는 금액
      ② 납부할 세액이 500만원을 초과하는 경우 : 그 세액의 100분의 50 이하의 금액
   (3) 분할납부신청 : ① 납부기한까지   ② 수정고지

5. 소액 징수면제 : 2천원 미만

6. 세 부담의 상한 : 100분의 150   cf **주택**의 경우에는 적용하지 아니한다.

7. 재산세의 부가세 : 지방교육세(재산세액의 20%)

7. 재산세 비과세

1. <u>국가</u>, 지방자치단체, 지방자치단체조합, 외국정부 및 주한국제기구의 <u>소유</u>

   ㏄ 부과

   (1) 대한민국 정부기관의 재산에 대하여 과세하는 <u>외국정부</u>의 재산(<u>상호주의</u>)

   (2) 매수계약자에게 납세의무가 있는 재산

2. <u>국가</u>, 지방자치단체 또는 지방자치단체조합이 1년 이상 **<u>공용 또는 공공용으로 사용하는 재산</u>**

   ㏄ 부과

   (1) <u>유료</u>로 사용하는 경우

   (2) 소유권의 <u>유상</u>이전을 약정한 경우로서 그 재산을 취득하기 전에 미리 사용하는 경우

3. 다음에 따른 재산(**<u>사치성재산은 제외한다</u>**)

   (1) **<u>도로ㆍ하천ㆍ제방ㆍ구거ㆍ유지 및 묘지</u>**

   (2) 「산림보호법」에 따른 산림보호구역, 그 밖에 다음에 해당하는 토지

   ① 군사기지 및 군사시설 보호구역 중 **<u>통제보호구역에 있는 토지</u>**. 다만, **<u>전ㆍ답ㆍ과수원 및 대지는 제외</u>**한다.

   > ㉠ 제한보호구역 내 임야: 분리과세대상 토지
   >
   > ㉡ 통제보호구역 내 임야: 비과세

   ② **<u>채종림ㆍ시험림</u>**

   ③ 「자연공원법」에 따른 공원자연보존지구의 임야

   ㏄ 공원자연환경지구 안의 임야: 분리과세대상 토지

   ④ 백두대간보호지역의 임야

   (3) **<u>임시로 사용하기 위하여 건축된 건축물</u>**로서 **<u>재산세 과세기준일 현재 1년 미만의 것</u>**

   (4) 비상재해구조용, 무료도선용, 선교(船橋) 구성용 및 본선에 속하는 전마용(傳馬用) 등으로 사용하는 선박

   (5) 행정기관으로부터 **<u>철거</u>명령을 받은** 건축물 등 재산세를 부과하는 것이 적절하지 아니한 **<u>건축물</u>** 또는 **<u>주택</u>**(「건축법」에 따른 **<u>건축물 부분으로 한정</u>**한다)

종합부동산세

1. 종합부동산세 특징

1. 국 세
2. 보유과세
3. **합산과세(전국 합산)** cf 세대별 합산(×) → 개인별 합산(○)
4. **정부부과제도**(신고납세제도 선택) (12/1 ~ 12/15)
5. **과세기준일**(매년 6월 1일) = 재산세와 동일

재산세 과세대상	재산세 세율		재산세 납기	종합부동산세 과세대상		종합부동산세 납부기간
토 지	고율분리	4%	9월 16일~ 9월 30일	—	—	12월 1일~ 12월 15일
	종합합산	0.2~0.5%		종합합산	5억원 초과	
	별도합산	0.2~0.4%		별도합산	80억원 초과	
	저율분리	0.2%		—	—	
		0.07%		—	—	—
건축물	0.25%, 0.5%, 4%		7월 16일~ 7월 31일	—		—
주 택	주택	0.1~0.4%	① $\frac{1}{2}$: 7월 16일~ 7월 31일 ② $\frac{1}{2}$: 9월 16일~ 9월 30일	주택	9억원 초과	12월 1일~ 12월 15일
	1세대 1주택 (시가표준액 9억원 이하)	0.05~0.35%		1세대 1주택자 (단독명의)	12억원 초과	
선 박	—		7월 16일~ 7월 31일	—		—
항공기	—		7월 16일~ 7월 31일	—		—

⊕주의 **형광펜**
① 재산세 초과누진세율
② 종합부동산세 과세대상

2. 종합부동산세 전체흐름도

1. 주 택

(1) 개 인

(공시가격 합산액 − 9억원) × 공정시장가액비율(60%) ⇨ 과세표준 × 세율 ⇨ 산출세액

① 전국 합산   − 재산세

② 소유자별 합산   ⇨ 납부세액

③ 세대별 합산(×)

④ 단독주택 : 개별주택가격

⑤ 공동주택 : 공동주택가격

⑥ 합산 배제 : 등록문화유산에 해당하는 주택

(2) 법 인

(공시가격 합산액 − 0원) × 공정시장가액비율(60%) ⇨ 과세표준 × 세율 ⇨ 산출세액

                                                     − 재산세

                                               ⇨ 납부세액

2. 토 지

(1) 종합합산

(공시가격 합산액 − 5억원) × 공정시장가액비율(100%) ⇨ 과세표준 × 세율 ⇨ 산출세액

① 전국 합산   − 재산세

② 소유자별 합산   ⇨ 납부세액

③ 세대별 합산(×)

④ 토지 : 개별공시지가

(2) 별도합산

(공시가격 합산액 − 80억원) × 공정시장가액비율(100%) ⇨ 과세표준 × 세율 ⇨ 산출세액

① 전국 합산   − 재산세

② 소유자별 합산   ⇨ 납부세액

③ 세대별 합산(×)

④ 토지 : 개별공시지가

3. 주택에 대한 과세

1. **납세의무자** : 과세기준일 현재 주택분 재산세의 납세의무자는 종합부동산세를 납부할 의무가 있다.

2. **과세표준**

   (1) **개 인**

   = [인별 주택의 공시가격을 합산한 금액 − 9억원] × 공정시장가액비율(60%)

   (2) **개인(1세대 1주택자, 단독명의) cf 부부 공동명의 1주택자 : 9/16 ~ 9/30 신청**

   = [인별 주택의 공시가격을 합산한 금액 − 12억원] × 공정시장가액비율(60%)

   (3) **법 인**

   = [주택의 공시가격을 합산한 금액 − 0원] × 공정시장가액비율(60%)

3. **세율 및 세액**

   (1) **주택분 종합부동산세액**

   ① 개 인

   ㉠ 2주택 이하 소유 : 0.5% ~ 2.7% 7단계 초과누진세율

   ㉡ 3주택 이상 소유 : 0.5% ~ 5% 7단계 초과누진세율

   ② 법 인

   ㉠ 2주택 이하 소유 : 2.7%

   ㉡ 3주택 이상 소유 : 5%

   (2) **재산세액 공제** : 적용된 세액, 상한을 적용받은 세액

   (3) **1세대 1주택에 대한 세액공제**(①, ② 100분의 80범위에서 중복 가능)

   ① **연령 세액공제** : 과세기준일 현재 만 60세 이상인 1세대 1주택자(단독소유)

연 령	공제율
만 60세 이상 65세 미만	100분의 20(20%)
만 65세 이상 70세 미만	100분의 30(30%)
만 70세 이상	100분의 40(40%)

   ② **장기보유 세액공제** : 1세대 1주택자(단독소유)

보유기간	공제율
5년 이상 10년 미만	100분의 20(20%)
10년 이상 15년 미만	100분의 40(40%)
15년 이상	100분의 50(50%)

   (4) **세부담의 상한**

   ① 개인 : 100분의 150

   ② 법인 : 세부담 상한 없음

4. 토지에 대한 과세

1. 납세의무자

구 분	납세의무자
① 종합합산과세대상	국내에 소재하는 해당 과세대상 토지의 공시가격을 합한 금액이 **5억원을 초과**하는 자
② 별도합산과세대상	국내에 소재하는 해당 과세대상 토지의 공시가격을 합한 금액이 **80억원을 초과**하는 자

2. 과세표준

구 분	과세표준
① 종합합산과세대상	(인별 해당 토지의 공시가격을 합산한 금액 − 5억원) × 공정시장가액비율(100%)
② 별도합산과세대상	(인별 해당 토지의 공시가격을 합산한 금액 − 80억원) × 공정시장가액비율(100%)

① 또는 ②의 금액이 '영(0)'보다 작은 경우에는 '영(0)'으로 본다.

3. 세율 및 세액

(1) 종합합산대상인 토지
  ① **토지분 종합합산세액** : 1% ~ 3% 3단계 초과누진세율
  ② 재산세액 공제

(2) 별도합산대상인 토지
  ① **토지분 별도합산세액** : 0.5% ~ 0.7% 3단계 초과누진세율
  ② 재산세액 공제

(3) 세부담 상한
  ① **종합합산과세대상인 경우** : 150%
  ② **별도합산과세대상인 경우** : 150%

5. 종합부동산세 신고 · 납부 등

1. 부과 · 징수 등

(1) 원 칙

① 관할세무서장은 납부하여야 할 종합부동산세의 세액을 결정하여 해당 연도 <u>12월 1일부터</u> <u>12월 15일</u>("납부기간"이라 한다)까지 부과 · 징수한다.

② 관할세무서장은 종합부동산세를 징수하려면 납부고지서에 주택 및 토지로 <u>구분</u>한 과세표준과 세액을 기재하여 <u>납부기간 개시 5일 전까지 발급</u>하여야 한다.

(2) 예외: 선택적 신고 · 납부(12월 1일 ~ 12월 15일)

① 무신고 가산세: ×

② 과소신고 가산세: ○

③ 납부지연가산세: ○

2. 물납 → 폐지(2016.03.02.)

3. 분 납

(1) 납부하여야 할 세액이 **250만원을 초과**하는 경우

(2) **납부기한이 지난 날부터 6개월 이내**

(3) 종합부동산세 분납

구 분	분납대상 세액
납부할 세액이 250만원 초과 500만원 이하	250만원 초과분
납부할 세액이 500만원 초과	납부할 세액의 50% 이하

4. 부가세: 농어촌특별세(20%)

5. 납세지

(1) **개인**: 「**소득세법**」 규정을 **준용(주소지 관할 세무서)**

(2) **법인**: 「**법인세법**」 규정을 **준용(본점 · 주사무소 소재지)**

6. 비과세 등

(1) 「지방세특례제한법」 또는 「조세특례제한법」에 의한 **재산세의 비과세 · 과세면제 또는 경감**에 관한 규정("재산세의 감면규정"이라 함)은 종합부동산세를 부과하는 경우에 **준용**한다.

(2) 「지방세특례제한법」에 따른 시 · 군의 감면조례에 의한 **재산세의 감면규정**은 종합부동산세를 부과하는 경우에 **준용**한다.

조세총론

1. 과세주체(과세권자)에 따른 분류

조세 (세금)	국 세	–	종합부동산세, 소득세(양도소득세)
	지방세	도세(특별시·광역시·도)	취득세
		시·군세(시·군·구)	재산세

ⓒⓕ **등록면허세**: 도세, 구세
　① 도 : 도청
　② 특별시·광역시 : 구청

2. 납세의무의 성립 : 추상적

1. 국세의 납세의무 성립시기(본세 = 부가세)

① **소득세**	과세기간이 끝나는 때 = 지방소득세 성립시기
② **종합부동산세**	과세기준일(매년 6월 1일) = 농어촌특별세 성립시기

2. 지방세의 납세의무 성립시기(본세 = 부가세)

① **취득세**	과세물건을 취득하는 때
② **등록면허세**	재산권과 그 밖의 권리를 등기하거나 등록하는 때
③ **재산세**	과세기준일(매년 6월 1일) = 지방교육세 성립시기

3. 납세의무의 확정 : 구체적

과세권자 (= 과세관청)	국 세	정부부과제도	종합부동산세(원칙)
	지방세	보통징수	재산세
↓ ↑			
납세자	국 세	신고납세제도	소득세(양도소득세), 종합부동산세(선택)
	지방세	신고납부	취득세, 등록면허세

4. 납부의무의 소멸 ⓒ 납세자의 사망 ✕

① 납 부	세액을 국고에 납입하는 것
② 충 당	납부할 국세 등과 국세환급금을 상계, 공매대금으로 체납액에 충당
③ 부과가 취소된 때	부과철회 ✕
④ 부과할 수 있는 기간에 부과되지 아니하고 그 기간이 끝난 때 (제척기간 만료)	㉠ **국세 부과의 제척기간** 　ⓐ 상속세와 증여세 : 10년, 15년 　ⓑ 일반적인 세목(상속세와 증여세 이외) : 5년, 7년(무신고), 10년(사기) ㉡ **지방세 부과의 제척기간** : 5년, 7년(무신고), 10년(사기)
⑤ 징수권의 소멸시효가 완성된 때	㉠ **국세 소멸시효** 　ⓐ 5억원 이상의 국세 : 10년 　ⓑ ⓐ 외(5억원 미만)의 국세 : 5년 ㉡ **지방세 소멸시효** 　ⓐ 5천만원 이상의 지방세 : 10년 　ⓑ ⓐ 외(5천만원 미만)의 지방세 : 5년

5. 조세(국세 · 지방세)와 다른 채권의 관계

1. 조세(국세 · 지방세)와 피담보채권의 우선관계

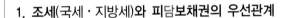

① 피담보채권　>　조세　>　② 피담보채권

3월 2일　　　　3월 15일　　　　3월 31일

① 저당권　　　법정기일　　　② 저당권

2. 다만, "그 재산에 대하여 부과된 조세"는 언제나 조세가 우선한다.
　　　= 법정기일 전에 설정된 **피담보채권보다 우선하는 조세**
　　　= 당해세
　① 국세 : 상속세, 증여세, 종합부동산세
　② 지방세 : 재산세, 지역자원시설세(소방분에 대한 지역자원시설세만 해당한다), 지방교육세(재산세와 자동차세에 부가되는 지방교육세만 해당한다)

사례 재산세 고지서(건축물)

세 목	납기 내 금액(7월 31일)	납기 후 금액(8월 31일)
재산세	XXX	XXX
도시지역분	XXX	XXX
(소방분)지역자원시설세	XXX	XXX
지방교육세	XXX	XXX
세액합계	XXX	XXX

6. 거래 단계별 조세

취 득	보 유	양 도
취득세 ① 농어촌특별세(10%, 20%) ② 지방교육세(20%)	재산세 지방교육세(20%)	양도소득세 농어촌특별세(20%)
등록면허세 ① 지방교육세(20%) ② 농어촌특별세(20%)	종합부동산세 농어촌특별세(20%)	지방소득세(독립세)
농어촌특별세	**농어촌특별세**	**농어촌특별세**
부가가치세	**부가가치세**	**부가가치세**
인지세(국세)	－	인지세(국세)
상속세	－	－
증여세	－	－
－	**종합소득세** (부동산임대업)	**종합소득세** (부동산매매업)
－	**지방소득세(독립세)** (부동산임대업)	**지방소득세(독립세)** (부동산매매업, 양도)

7. 물납과 분납

구 분	취득세	등록면허세	재산세	종합부동산세	종합소득세	양도소득세
물 납	×	×	○ (관할구역, 부동산)	×	×	×
분 납	×	×	○ (3개월)	○ (6개월)	○ (2개월)	○ (2개월)

8. 불 복

1. **국세의 불복** : 행정심판 전치주의

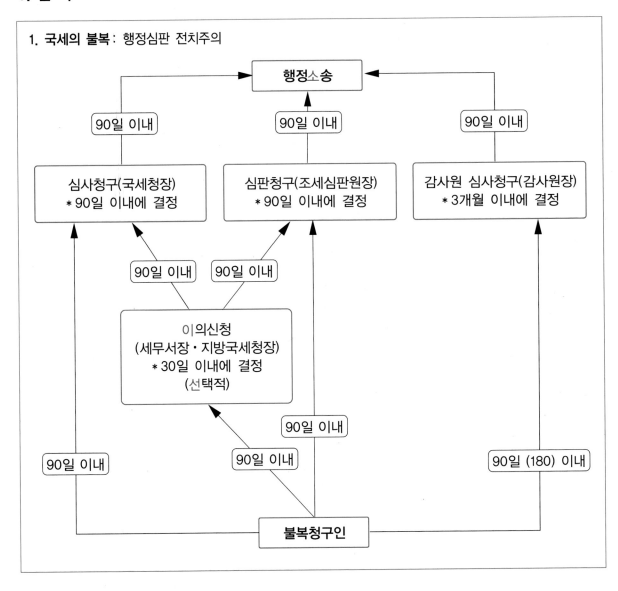

2. 지방세의 불복 : 행정심판 전치주의 재도입(시·도 심사청구제도 폐지)

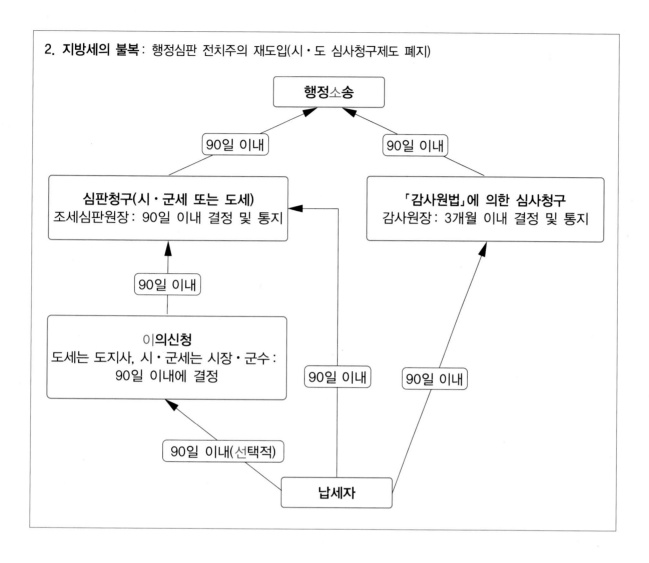

PART

02

☐ 익힘장

01 소득세

1. 소득세 총설 : 국세, 개인, 신고납세제도

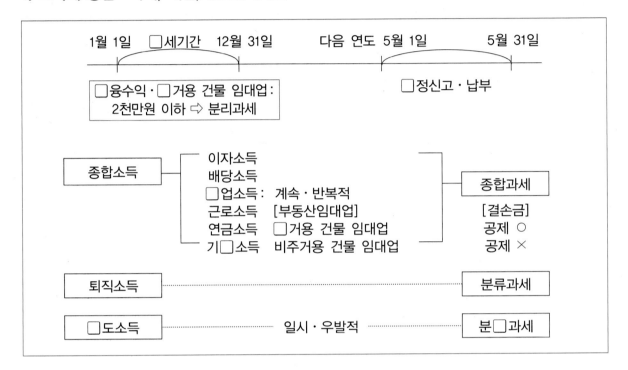

2. 소득세 납세의무자, 납세지

구 분	개 념	납세의무의 범위
거주자	국내에 주소를 두거나 1과세 기간 중 183일 이상 거소를 둔 개인	① (국□원천소득 + 국□원천소득) ② 무제한 납세의무 ③ 납세지: 사람 □소지 관할 세무서
비거주자	거주자가 아닌 개인	① (국□원천소득) ⓒ 국외 × ② 제한 납세의무 ③ 납세지: 국내 □업장의 소재지 관할 세무서

① **국□자산양도에 대한 양도소득세**: 거주자(□년 이상 국내에 주소 또는 거소)

② 공동으로 소유한 자산에 대한 양도소득금액을 계산하는 경우에는 해당 자산을 공동으로 소유하는 각 거주자가 납세의무를 진다.

02 소득세(부동산임대업)

1. 부동산임대업의 범위

1. **지역권·지상권의 대여** : ☐업소득
   cf ☐익사업과 관련하여 지역권·지상권의 대여 : ☐타소득

2. **지상권의 양도** : ☐도소득

2. 비과세 사업소득

1. **논·밭의 임대소득** : 논·밭을 ☐물 생산에 이용하게 함으로써 발생하는 소득

2. (☐☐) 임대소득

① 금액에 관계없이 비과세	☐개의 주택을 소유하는 자의 주택임대소득	
② 과 세	㉠ 1개의 주택을 소유하는 자의 주택임대소득	
	ㄴ 예 외	
	ⓐ 고가주택(과세기간 종료일 기준으로 기준시가 ☐☐억원 초과)	
	ⓑ 국외에 소재하는 주택의 임대소득	
	㉡ 2개 이상의 주택을 소유하는 자의 주택임대소득	

ㄴ **주택 수의 계산**
① 다가구주택 : 1개의 주택 **cf** 구분등기 ⇨ 각각을 1개의 주택으로
② 공동소유의 주택 : 지분이 가장 ☐ 자의 소유로 계산

> **(비교) 공동소유의 주택**
> ㉠ 부동산임대업 : 지분이 가장 큰 자의 소유로 계산
> ㉡ 양도세(=종합부동산세) : 각각(각자)

③ 전대, 전전세 : 임차인 또는 전세받은 자의 주택으로 계산
④ 본인과 배우자 : ☐산

3. 부동산임대업의 소득금액 계산

부동산임대업의 소득금액 계산	
부동산임대업의 소득금액 = 총수입금액(<u>임대료</u> + <u>간주임대료</u>) − 필요경비 ① 임대료 : 월세 ② 간주임대료 : ☐증금 · ☐세금에 대한 이자상당액	
총수입금액(☐대료 + 간☐임대료) − 필요경비(소송비용, 감가상각비, 현재가치할인차금상각액) = 소☐금액 **cf** (−) : ☐손금	양도가액 − 취득가액 − 기타필요경비 = 양도차익

cf ⟮☐☐⟯에 대한 <u>간주임대료</u>

  1. **원칙** : 간주임대료 ×
  2. **예외** : 간주임대료 ○

and (동시 충족)	① ☐주택 이상
	② 보증금 합계액이 ☐억원 ☐과

  ⏏ 주택 수에 포함×(소형주택) (2026년 12월 31일까지)

and (동시 충족)	㉠ 전용면적 ☐0m² 이하
	㉡ 기준시가 ☐억원 이하

03 양도소득세

1. 양도의 정의 : "사실상 ☐상이전"

양도로 보는 경우	양도로 보지 아니하는 경우
① 매도	① 무상이전 : 상속, 증여
② 교환(☐상)	② 환☐처분 및 보류지 충당
③ 현물출자	㉠ 환지받은 토지, 보류지를 양도한 경우 : 양도 ○
④ 대물변제	㉡ 환지청산금을 교부받는 부분 : 양도 ○
㉠ ☐산분할청구 : 양도 ×, 증여 ×	③ 지적경계선 변경을 위한 토지의 교환
㉡ 부동산으로 ☐자료를 대물변제하는 경우 : 양도 ○	④ 양도담보
⑤ 부담부증여	㉠ 양도담보 제공시 : 양도 ×
㉠ 수증자가 인수한 채무상당액 : 양도 ○	㉡ ☐무불이행시 : 양도 ○
ⓐ 증여자 : ☐도세	⑤ 공유물의 분할(단순 분할)
ⓑ 수증자 : ☐여세, ☐득세	㉠ 지분증가 : 취득
• 채무액 : ☐상	㉡ 지분감소 : 양도
• 채무액을 제외한 나머지 부분 : ☐상	⑥ 소유권환원(매매원인 ☐효의 소)
㉡ 배우자·직계존비속 간 : 증여추정	⑦ 신☐·신탁해지
ⓐ 증여자 : ×	⑧ ☐우자·직계☐비속 간의 양도 : 증여추정
ⓑ 수증자 : 증여세, 취득세(무상)	🆑 양도(= 유상취득)
🆑 양도 : 채무액이 객관적으로 인정되는 경우	㉠ ☐매(경매)
⑥ 수☐	㉡ 파☐선고
⑦ ☐매, 경매	㉢ ☐환
🆑 자기가 ☐취득 : 양도 ×	㉣ 대가를 지급한 사실이 ☐명되는 경우

★★★ 배우자·직계존비속 이외의 자 간 부담부증여 : 수증자가 인수한 채무상당액(양도 ○)

증여자 ────────────────→ 수증자

증여가액	채무액	2억원
5억원	채무액 외	3억원

① 증여자	☐도세(☐억원)		
② 수증자	㉠ 증여세(3억원)		
	㉡ ☐득세(☐억원)	채무액(2억원)	☐상취득
		채무액 외(3억원)	☐상취득

🆑 **부담부증여시 양도가액 및 취득가액**

$$= \text{양도·취득 당시의 가액} \times \frac{\text{인수한 채무상당액}}{\text{증여가액}}$$

2. 양도세 과세대상

토지 또는 건 물	등기·등록 여부와 관계없이 과세
□동산에 관한 권리	(1) **부동산을 □득할 수 있는 권리** ① 건□이 완성되는 때에 그 건물과 이에 딸린 토지를 취득할 수 있는 권리 (아파트당첨권·분양권·입주권 등) ㉠ □합원입주권: 주택 ×, 주택 수 포함 ○ ㉡ □양권: 주택 ×, 주택 수 포함 ○ ② 지방자치단체·한국토지공사가 발행하는 토지□환채권 및 주택상□사채 ⒞ 토지개발채권 ×, 국민주택채권 × ③ 부동산매매계약을 체결한 자가 □약금만 지급한 상태에서 양도하는 권리 (2) **지□권** (3) **전세권과 ◯□기된◯ 부동산임차권** ⒞ 등기되지 아니한 부동산임차권: 기타소득(종합소득)
주식 또는 출자지분 (주식 등)	(1) 특정 주권상장법인의 주식 등 ① 대주주가 양도하는 것 ② 장외 양도분 (2) 주권비상장법인의 주식 등(비상장주식) (3) 외국법인이 발행하였거나 외국에 있는 시장에 상장된 주식 등
기□자산	(1) **사업에 사용하는 토지·건물 및 부동산에 관한 권리와 ◯□께◯ 양도하는 영□권** ⒞ 영업권(점포임차권 포함)의 단독양도: 기타소득(종합소득) (2) **특정시설물의 이용권·회원권(이용·회원권의 성격이 내포된 주식 포함)(배□적)** ⒞ 골프 회원권, 콘도 회원권 (3) 과점주주가 소유한 부동산 과다보유법인의 주식(50% − 50% − 50%) (4) 특수업종을 영위하는 부동산 과다보유법인의 주식(80% − 1주 − 1주) (5) **토지·건물과 ◯□께◯ 양도하는 「개발제한구역의 지정 및 관리에 관한 특별조치법」에 따른 이축을 할 수 있는 권리(이□권). 다만, 해당 이축권 가액을 대통령령으로 정하는 방법에 따라 별□로 평가하여 신고하는 경우는 제외한다.**
파생상품 등	파생상품 등의 거래 또는 행위로 발생하는 소득(일정한 파생상품)
신탁 수익권	신탁의 이익을 받을 권리(「자본시장과 금융투자업에 관한 법률」 제110조에 따른 수익증권 및 같은 법 제189조에 따른 투자신탁의 수익권 등 대통령령으로 정하는 수익권은 제외하며, 이하 "신탁 수익권"이라 한다)의 양도로 발생하는 소득. 다만, 신탁 수익권의 양도를 통하여 신탁재산에 대한 지배·통제권이 사실상 이전되는 경우는 신탁재산 자체의 양도로 본다.

3. 양도 또는 취득시기

1. **유상 양도 및 취득시기**
   (1) 원칙 : 사실상 대□을 청산한 날
   (2) 예외 : 등기·등록접수일
      ① 대금을 청산한 날이 □명하지 아니한 경우
      ② 대금을 청산하기 □에 소유권이전등기를 한 경우

2. **장기할부조건**(2회 이상 분할, 1년 이상) : ~ □른 날

3. **자기가 건설한 건축물** : [구청(준공검사) → 등기소(보존등기)]
   (1) 허 가
      ① 원칙 : 사□승인서 교부일
      ② 예외 : ~ 빠른 날
   (2) 무허가 : 사실상의 □용일

4. **상속 또는 증여**
   (1) 상속 : 상□이 개시된 날
      cf 세율 적용시 : 피상속인이 그 자산을 취득한 날
   (2) 증여 : 증여를 □은 날(＝증여□기접수일)
      ① 이월과세 : 증여자의 취득일
      ② 취득세 : 증여 □약일

5. **점유**(민법의 시효취득) : 점유를 □시한 날

6. **수용되는 경우** : ~ 빠□ 날

7. **대금을 청산한 날까지 완성**(확정) × : 목적물이 □성 또는 확정된 날

8. **환지처분으로 인하여 취득한 토지**
   (1) 환지 □의 토지의 취득일
   (2) 증가(감소)된 경우 : 환지처분의 공고가 있은 날의 □음 날(익일)

9. **취득시기의 의제**
   (1) 토지·건물·부동산에 관한 권리·기타자산 : 1985년 1월 1일
   (2) 주식 등 : 1986년 1월 1일

10. **기타의 양도 또는 취득시기**
    (1) **아파트 당첨권**의 취득시기 : 당첨일(잔금청산일)
    (2) **경매**에 의하여 자산을 취득하는 경우 : 경매대금을 완납한 날
    (3) 잔금을 **어음**이나 기타 이에 준하는 증서로 받은 경우 : 어음 등의 결제일
    (4) 법원의 **무효**판결로 소유권이 환원된 자산 : 당□ 취득일

4. 양도소득 과세표준과 세액의 계산

구 분	원칙(실지거래가액)	예외(□계)
양□가액	실지 양도가액	추계(□ · 감 · 기)
− **취□가액**	실지 취득가액	추계(매 · 감 · □ · 기)
	① 매입가액 + 취득세 + 기타부대비용 ② 소송비용 · 화해비용 ③ 당사자 약□ 이자상당액 **cf** □연이자 ×	−
− 기타□요경비	□본적 지출액 + □도비용	필요경비□산공제
	① 자본적 지출액 : 내용연수 연장, 가치증가 **cf** 수익적 지출액 : 원상회복, 능률유지(×) ② 양도비용 : 중개보수, 매각차손	① □득가액이 추□인 경우 ② 취□당시 □준시가 × 공제율
= 양도□익	−	
− 장□보유특별공제	① 양도차□ × 공제율 ② 적용대상 : □지 · □물 · □합원입주권 ③ 보유기간 : □년 이상 보유 ④ 적용배제 : □등기양도자산, ~~1세대 2주택 이상 + 조정대상지역 주택~~ ⑤ 공제율 : ㉠ ㉡ 이외(□%씩) : 6%~30% 　　　　㉡ 1세대 1주택인 고가주택(실가 12억원 초과)(□년 이상 거주) 　　　　　 : [(보유기간 : □%씩) + (거주기간 : □%씩)]	
= 양도□득금액	−	
− 양도소득□본공제	① 소□별로 각각 연(1월 1일~12월 31일) 250만원 　㉠ 토지 · 건물, □동산에 관한 권리, 기타자산 　㉡ 주식 또는 출자지분(주식 등) 　㉢ 파생상품 등 　㉣ 신탁 수익권 ② 적용배제 : □등기양도자산	
= 과□표준	−	
× 세 □	−	
= 산□세액	−	
− 감□세액	−	
− □액공제	외□납부세액공제	
+ 가산세	무(과소)신고가산세, 납부지연가산세	
= 자진 납부할 세액	−	
− 분□할 세액	−	
= 자진 납부세액	−	

5. 실지거래가액에 의한 양도차익

1. **양도가액** : 양도당시의 실지거래가액(양도소득의 □수입금액)

2. **취득가액** : 취득에 든 실지거래가액(현재가치할인차금 포함)
   ① 매입가액 + □득세 + 기타 부대비용(중개보수, 소유권이전비용)
   ② 소□비용·화해비용(사업소득금액 계산시 필요경비에 산입된 것을 □외한 금액)
   ③ 당사자 □정에 의한 이자상당액
       cf 지급기일의 지□으로 인하여 추가로 발생하는 이자상당액(×)
       cf 대□금의 이자지급액(×)
   ④ 감가□각비(사업소득금액 계산시 필요경비에 산입한 금액) : 취□가액에서 공제＝양도차익을 계산할 때 양도가액에서 공제할 □요경비로 보지 아니한다.
   ⑤ 현재가치할인차금의 상□액(사업소득금액 계산시 필요경비에 산입한 금액) : □득가액에서 공제＝양도차익을 계산할 때 양도가액에서 공제할 필□경비로 보지 아니한다.
   ⑥ 납부영수증이 없는 □득세(○) **cf** 감면되는 경우(×)
   ⑦ 상속, 증여 : 「상속세 및 증여세법」의 규정에 의하여 평가한 가액
       ㉠ 원칙 : 시가(시세)
       ㉡ 예외 : 보충적 평가방법(기준시가)
   ⑧ 포함(×) : 재□세, 종합□동산세, 상□세, □여세, 부□행위계산에 의한 시가초과액(업 계약서)

3. **기타필요경비**(자본적 지출액 + 양도비용)
   [필요경비 인정 : 적격 증명서류 수취·보관 □는 금융거래 증명서류 확인]
   ① **자본적 지출액**
       ㉠ 내용연수(수명) 연장, 가치를 증가시키기 위하여 지출한 수선비
       ㉡ 취득한 후 □송비용·화해비용(사업소득금액 계산시 필요경비에 산입된 것을 제□한 금액)
       ㉢ 양도자산의 용도변경·개량 또는 이□편의를 위하여 지출한 비용
       ㉣ 개발부담금, 재□축부담금, 베란다 샤시, 거실 및 방 확장공사비 등
         cf 수익적지출(원상회복, 능률유지) : ×
   ② **양도비용**
       ㉠ 양도소득세과세표준 신□서 작성비용, 계약서 작성비용, 공증비용, 인지대, 소개비(중개보수)
       ㉡ 매각차손
         cf 금융기관 □의 자에게 양도한 경우 : 금융기관에 양도하였을 경우 발생하는 매각차손을 한도

6. 추계결정에 의하는 경우 양도 · 취득가액과 기타의 필요경비

1. 양도가액 또는 취득가액을 추계결정 또는 경정하는 경우에는 다음의 방법을 순차로 적용하여 산정한 가액에 의한다.

① ☐매사례가액 : 양도일 또는 취득일 **전후 각 ☐개월 이내**에 해당 자산(주권상장법인의 주식 등은 제외)과 동일성 또는 유사성이 있는 자산의 매매사례가 있는 경우 그 가액

② ☐정가액 : 양도일 또는 취득일 **전후 각 3개월 이내**에 해당 자산(주식 등을 제외)에 대하여 **☐ 이상의 감정평가법인 등이** 평가한 것으로서 신빙성이 있는 것으로 인정되는 감정가액(감정평가기준일이 양도일 또는 취득일 전후 각 3개월 이내인 것에 한정)이 있는 경우에는 그 **감정가액의 평☐액**(다만, 기준시가가 10억원 이하인 경우에는 하나)

③ ☐산 ☐득가액 : 토지 · 건물 및 부동산을 취득할 수 있는 권리의 경우에는 다음 산식에 의하여 계산한 가액 **cf 양☐가액은 환산(×)**

$$\text{양도당시 실지거래가액} \atop \text{(또는 매매사례가액, 감정가액)} \quad \times \quad \frac{\text{취득당시의 기준시가}}{\text{양도당시의 기준시가}}$$

	취득	양도
실가	X원	5억원
기준시가	1억원	2억원

④ ☐준시가

2. **필요경비개산공제**

취☐가액을 추☐조사(매매사례가액, 감정가액, 환산취득가액) 또는 기준시가로 산정하는 경우 인정되는 필요경비

구 분		필요경비개산공제액
① **토지와 건물**(일반건물, 오피스텔 및 상업용 건물, 주택)		취☐당시의 기☐시가 × ☐% (미등기양도자산은 0.☐%)
② **부동산에 관한 권리**	지상권 · 전세권 · 등기된 부동산 임차권	취득당시의 기준시가 × 7% (미등기양도자산은 제외)
	부동산을 취득할 수 있는 권리	취득당시의 기준시가 × 1%
③ **주식 · 출자지분** ④ **기타자산** ⑤ **신탁 수익권**		

3. 추계방법에 의한 **취득가액을 환산☐득가액으로 하는 경우 세부담의 최소화**

필요경비 = MAX(①, ②)
① (☐산취득가액 + 필요경비☐산공제)
② (자☐적지출액 + ☐도비)

7. 장기보유특별공제

1. **취지**: 동결효과 방지, 결집효과 완화

2. **적용대상**: 토□·□물·□합원입주권(□년 이상 보유)

3. **적용배제**: □등기양도자산, ~~(1세대 2주택 이상 + 조정대상지역 주택)~~

4. **보유기간**
   ① 취득일 ～ 양도일
   ② 이월과세: 증여자가 취득한 날부터 기산

5. **장기보유특별공제액**: 양도차□ × 공제율
   ① ② 이외(□%씩): 6% ～ 30%
   ② 1세대 1주택인 고가주택(□년 이상 거주): [(보유기간: □%씩) + (거주기간: □%씩)]

6. **동일연도에 수회 양도**: 자산별

8. 양도소득기본공제

1. **소□별로 각각 연(1/1～12/31) 250만원 = 결□금의 통산**
   ① 토지·건물, 부동산에 관한 권리, 기타자산(□등기양도자산은 제외)
   ② 주식 또는 출자지분(주식 등)
   ③ 파생상품 등
   ④ 신탁 수익권

2. **공제 순서**
   ① 감면 외, 감면 외: 먼□ 양도한 자산부터
   ② 감면, 감면 외: 감면 □에서 먼저 공제

3. **공유자산**: 공유자 각□

9. 양도소득세 세율

1. 토지 또는 건물·□동산에 관한 권리 및 기타자산: 6 ~ 45%(□양권의 경우에는 양도소득 과세표준의 100분의 60)

2. 토지 또는 건물 및 부동산에 관한 권리로서 그 보유기간이 1년 이상 □년 미만: 양도소득 과세표준의 100분의 40(주□, □합원입주권 및 □양권의 경우에는 100분의 60)

3. 토지 또는 건물 및 부동산에 관한 권리로서 그 보유기간이 1년 미만: 양도소득 과세표준의 100분의 □0(□택, 조□원입주권 및 □양권의 경우에는 100분의 □0)

4. 비□업용 토지: [기본세율 + 10%p] → [16 ~ 55%]

5. 미등기양도자산: 양도소득 과세표준의 100분의 □0

6. 주식 등

7. 해외주식

8. 파생상품

9. 신탁 수익권

10. [1세대 2주택 + 조정대상지역 주택 양도]: [기본세율 + 20%p] → [26 ~ 65%]

11. [1세대 3주택 이상 + 조정대상지역 주택 양도]: [기본세율 + 30%p] → [36 ~ 75%]

   ↳ 세율 적용시 주의사항
   (1) 하나의 자산이 둘 이상에 해당: 산출세액 중 □ 것
   (2) 세율 적용시 보유기간 계산(취득일)
      ① 상속받은 자산을 양도하는 경우: 피상속인이 그 자산을 취득한 날
      ② 이월과세: □여자가 그 자산을 취득한 날

10. 미등기양도

1. 미등기양도자산: 토지·건물 및 부동산에 관한 권리를 취득한 자가 그 자산 취득에 관한 등기를 하지 않고 양도하는 것

2. 미등기양도자산에 대한 규제
   ① 비과세와 감면: 배제
   ② 필요경비□산공제: 0.3%
   ③ 장□보유특별공제와 양도소득□본공제: 배제(양도차익＝양도소득금액＝과세표준)
   ④ 세율: □0%

3. 미등기양도자산 제외
   ① 장기□부조건
   ② □률의 규정 또는 □원의 결정에 따라 등기가 불가능한 자산
   ③ 비과세요건을 충족한 교환·분합하는 농□, 감면요건을 충족한 자경농지 및 대토하는 농지
   ④ 비과세요건을 충족한 1세대 □주택으로서 건축허가를 받지 않은 경우
   ⑤ 「도시개발법」에 따른 도시개발사업이 □료되지 아니하여 양도하는 토지
   ⑥ 건설사업자가 「도시개발법」에 따라 공사용역 대가로 취득한 체□지를 토지구획환지처분공고 전에 양도하는 토지

11. 양도소득세의 예정신고와 납부

1. **예정신고 · 납부기한**
   ① 토지 · 건물, 부동산에 관한 권리, 기타자산, 신탁 수익권 : 양도일이 속하는 달의 말☐부터 ☐개월 이내(2/4 토지 양도 : 4/30)
   ② 주식 등 : 양도일이 속하는 반기(半期)의 말일부터 2개월 이내(2/4 주식 양도 : 8/31)
   ③ 부담부증여 : 양도일이 속하는 달의 ☐일부터 ☐개월 이내(2/4 부담부증여 : 5/31)

2. **양도차☐이 없거나 양도☐손이 발생한 경우에도 적용한다(의무).**

3. **예정신고 · 납부☐액공제 : 폐지**

4. **예정신고 · 납부 × → 가산세 ○**
   ① 무신고가산세 : ☐0%(일반), 40%(부당)
   ② 과소신고가산세 : 10%(일반), ☐0%(부당)
   ③ 납부지연가산세 : ㉠ + ㉡
      ㉠ 미납세액×(납부기한의 다음 날 ~ 납부일)×1일 10만분의 22
      ㉡ 납부고지 후 미납세액×100분의 3

12. 양도소득세의 확정신고와 납부

1. **확정신고 · 납부기한**
   ① 그 과세기간의 다음 연도 ☐월 1일부터 5월 3☐일까지
   ② 해당 과세기간의 과세☐준이 없거나 결☐금액이 있는 경우에도 적용한다(의무).
   ③ 예정신고를 한 자는 ①에도 불구하고 해당 소득에 대한 ☐정신고를 하지 아니할 수 있다. 다만, 당해 연도에 누진세율의 적용대상 자산에 대한 예정신고를 2회 이상 한 자가 이미 신고한 양도소득금액과 합☐하여 신고하지 아니한 경우에는 그러하지 아니하다.

2. **확정신고 · 납부 × → 가산세 ○**
   ① 무신고가산세 : 20%(일반), ☐0%(부당)
   ② 과소신고가산세 : ☐0%(일반), 40%(부당)
   ③ 납부지연가산세 : ㉠ + ㉡
      ㉠ 미납세액×(납부기한의 다음 날 ~ 납부일)×1일 10만분의 22
      ㉡ 납부고지 후 미납세액×100분의 3
   ④ 예정신고와 관련하여 가산세가 부과되는 부분에 대해서는 확정신고와 관련하여 무신고가산세를 적용하지 아니한다(중복 ×).

3. **감정가액 또는 환산취득가액 적용에 따른 가산세**
   ① 건물을 신축 또는 증축하고 ☐년 이내에 양도하는 경우
   ② 감정가액 또는 환산취득가액을 그 취득가액으로 하는 경우
   ③ 감정가액 또는 환산취득가액의 100분의 ☐

13. 양도소득세의 분할납부와 부가세

1. 분할납부
- ① 예☐신고납부·확☐신고납부할 세액이 각각 ☐천만원 초과
- ② 납부기한이 지난 후 ☐개월 이내
- ③ ☐납할 수 있는 세액(나중에 낼 수 있는 금액)
  - ㉠ 납부할 세액이 2천만원 이하인 때: ☐천만원을 초과하는 금액
  - ㉡ 납부할 세액이 2천만원을 초과하는 때: 그 세액의 100분의 ☐0 이하의 금액

사례	2/4일 토지를 양도한 경우		
납부할 세액	**예정신고납부기한(4/30)**	**분할납부(6/30)**
㉠ 15,000,000원	10,000,000원 ↑	5,000,000원 ↓
㉡ 30,000,000원	15,000,000원 ↑	15,000,000원 ↓

2. 물납: ☐지(2015.12.15.)

3. 양도소득세의 부가세: 농어촌특별세(감면세액의 20%)

14. 국외자산양도에 대한 양도소득세

1. 납세의무자: ☐년 이상

2. 국외자산 양도소득의 범위(과세대상자산): 등☐ 여부와 관계없이 과세
- cf 환율변동으로 인한 환차익을 제☐

3. 양도가액·취득가액의 산정: 실지거래가액

4. 필요경비☐산공제: 적용 배제

5. 장☐보유특별공제: 적용 배제

6. 양도소득☐본공제: 적용(소득별, 연 250만원)

7. 양도차익의 외화환산: 기준환율(USD : ₩) 또는 재정환율(USD 이외 : ₩)

8. 국외자산 양도소득세의 세율: 기본세율(6~45%)
- cf **국내자산과 비교**: 미등기양도세율, 보유기간 관계없음

9. 외국납부세액의 공제(둘 중 선☐ 가능)
- ① 산출세액에서 공제하는 방법(외국납부☐액공제방법)
- ② 필☐경비에 산입하는 방법

10. 분할납부 ○, 물납 ×

15. 비과세 양도소득

1. 파☐선고에 의한 처분으로 발생하는 소득

2. **농지의 교☐** 또는 분합으로 인하여 발생하는 소득 : ① + ② **동시충족**
   (1) **사유요건**(어느 하나에 해당하는 경우)
   ① **국가** 또는 지방자치단체가 시행하는 사업
   ② **국가** 또는 지방자치단체가 소유하는 토지와 교환
   ③ **경작상 필요**에 의하여 교환하는 농지. 다만, 교환에 의하여 새로이 취득하는 농지를 ☐년 이상 농지소재지에 거주하면서 경작하는 경우에 한한다.
      🄐 새로운 농지의 취득 후 3년 이내에 수용되는 경우에는 3년 이상 농지소재지에 거주하면서 경작한 것으로 본다.
   ④ 「농어촌정비법」 등에 의하여 교환 또는 분합하는 농지
   (2) **금액요건**
      쌍방 토지가액의 차액이 가액이 ☐편의 ☐분의 1 이하인 경우

3. 1세대 1주택(고가주택은 제외)과 이에 딸린 토지(주택부수토지)의 양도로 발생하는 소득

4. 조합원입주권을 1개 보유한 1세대가 법정 요건을 충족하여 양도하는 경우 해당 조합원입주권을 양도하여 발생하는 소득

5. 「지적재조사에 관한 특별법」 제18조에 따른 경계의 확정으로 지적공부상의 면적이 ☐소되어 같은 법 제20조에 따라 지급받는 조☐금

   ⬋ 8년 이상 자경한 농지의 양도, 농지의 대토로 인하여 발생하는 소득 : 감☐

16. 1세대 1주택의 양도소득에 대한 비과세

1. 1세대

(1) 원칙 : 거□자 + 배우자

(2) 예외 : 배우자가 없는 때에도 1세대로 본다.

2. 1주택

(1) 원칙 : 양도일 현재 국□에 1주택을 보유

① 주택의 개념 : 상시 주거용

② 부수토지 : 3배, 5배, 10배

③ 용도구분 : 사실상의 용도

④ 다가구주택(각각) : 하□의 매매단위 → 전체를 하나의 주택

(2) 겸용주택 : 면적

(3) 고가주택 : 양도당시 □지거래가액의 합계액이 1□억원을 초과

(4) 1세대 1주택의 특례(1세대 2주택)

① 원칙 : 과세

② 예외 : 1세대 1주택으로 본다.

㉠ 일시적인 2주택의 경우 : 1년 이상 지난 후, 3년 이내 종□의 주택

㉡ 상속 : 일□주택

㉢ 동거봉양 : 합친 날부터 1□년 이내 먼저 양도하는 주택

㉣ 혼인 : 혼인한 날부터 1□년 이내 먼저 양도하는 주택

㉤ 법률에 따른 지정문화유산, 국가등록문화유산 및 천연기념물 등 주택 : 일반주택

㉥ 농어촌주택 : 일□주택

㉦ 지방주택(수도권 밖에 소재하는 주택) : 3년 이내 일□주택

3. 2년 이상 보유

(1) 원칙 : 양도일 현재 해당 주택의 보유기간이 □년 이상

ⓒⓕ 2017.08.03. 이후 취득 당시 조정대상지역 : 거주기간 2년 이상

(2) 예외 : 보유기간 및 거주기간의 제한을 받지 아니하는 경우

① 5년 이상 거주 : 임대주택

② 거주기간에 제한 ×

㉠ 수용

㉡ 이□ : 출국일부터 □년 이내 양도

㉢ 유학, 주재원 파견 : 출국일부터 2년 이내 양도

③ 1년 이상 거주 : 취학(고등학교 이상), 근무상의 형편, 질병의 치료 또는 요양, 학교 폭력으로 인한 전학

17. 이월과세(양도소득의 필요경비 계산 특례)

(= 배우자·직계존비속간 증여재산에 대한 이월과세)

(토지, 건물, 부동산을 취득할 수 있는 권리, 특정시설물이용권·회원권)

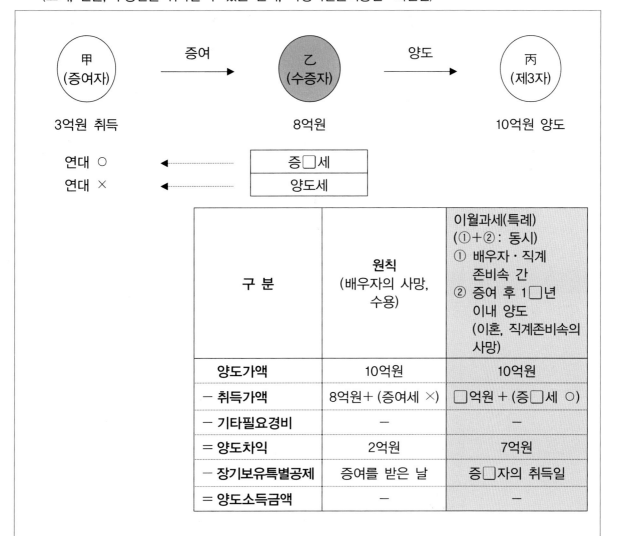

구 분	원칙 (배우자의 사망, 수용)	이월과세(특례) (①+②: 동시) ① 배우자·직계 　존비속 간 ② 증여 후 1□년 　이내 양도 (이혼, 직계존비속의 사망)
양도가액	10억원	10억원
− 취득가액	8억원＋ (증여세 ×)	□억원 ＋ (증□세 ○)
− 기타필요경비	−	−
＝ 양도차익	2억원	7억원
− 장기보유특별공제	증여를 받은 날	증□자의 취득일
＝ 양도소득금액	−	−

용어 **이월과세의 적용배제 ⇨ 원칙**

1. 사업인정고시일부터 소급하여 2년 이전에 배우자·직계존비속으로부터 증여받은 경우로서 법률에 따라 협의매수 또는 수용된 경우
2. 이월과세를 적용할 경우 1세대 1주택의 양도소득에 대한 비과세대상 주택의 양도에 해당하게 되는 경우
3. 이월과세를 적용하여 계산한 양도소득결정세액이 이월과세를 적용하지 않고 계산한 양도소득결정세액 보다 적은 경우

18. 저가양도 · 고가양수

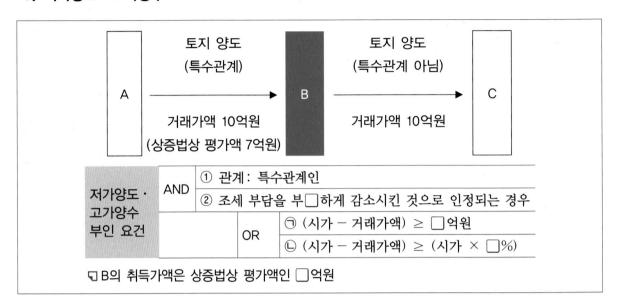

저가양도 · 고가양수 부인 요건	AND	① 관계 : 특수관계인
		② 조세 부담을 부□하게 감소시킨 것으로 인정되는 경우
	OR	㉠ (시가 - 거래가액) ≥ □억원
		㉡ (시가 - 거래가액) ≥ (시가 × □%)

▢ B의 취득가액은 상증법상 평가액인 □억원

19. 증여 후 양도행위의 부인(우회양도 부인)

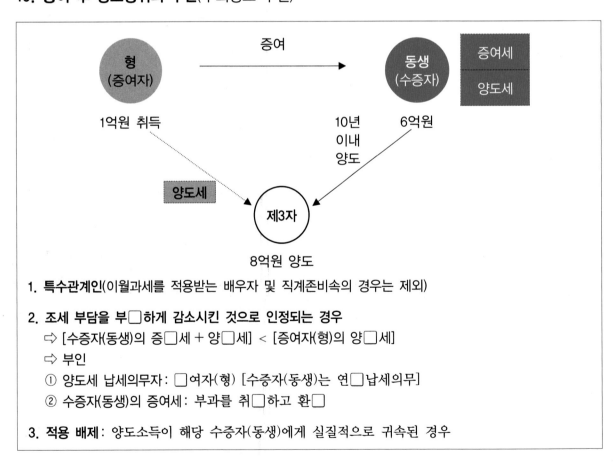

1. **특수관계인**(이월과세를 적용받는 배우자 및 직계존비속의 경우는 제외)

2. **조세 부담을 부□하게 감소시킨 것으로 인정되는 경우**
   ⇨ [수증자(동생)의 증□세 + 양□세] < [증여자(형)의 양□세]
   ⇨ 부인
   ① 양도세 납세의무자 : □여자(형) [수증자(동생)는 연□납세의무]
   ② 수증자(동생)의 증여세 : 부과를 취□하고 환□

3. **적용 배제** : 양도소득이 해당 수증자(동생)에게 실질적으로 귀속된 경우

취득세

1. 취득의 구분

취 득	사실상의 취득	원시취득	토지	공유수면□립·간척
			건축물	건축 (□축과 재축)
		승계취득	유상승계	매매, □환, 현물출자
			무상승계	□속, □여
	취득의제 (간주취득)	토지	지목변경	임야 ⇨ 대지
		건축물	건축(신축과 재축은 제외), 개수	
		과점주주 의 취득	50%초과, 설립 ×	① 최초(모□) ② 증가된 경우(□가분)

(1) 건 축

—	건축	—
원시취득	□축	취득의제
(신축, 재축) ⇦	증축 ⇨	건축(신축, 재축 제외)
⇦	□축	⇨ 증축, 개축, 이전
① 과표 : 사실상 취□가격	개축 ⇨	① 과표 : 사실상 취득가격
② 세율 : 2.8%	이전 ⇨	② 세율 : 2.8%

(2) 토지의 지목변경

구 분			
지 목	□ 야	—	□ 지
—	100,000,000원	—	300,000,000원
소요된 비용	—	50,000,000원	—
① 과세표준	—	변경으로 증가한 가액에 해당하는 사실상 □득가격 200,000,000원 (3억원 − 1억원)	—
② 세율 : 2% (세율의 특례)	—	□% (중과기준세율)	—
③ 산출세액	—	4,000,000원	—

2. 과점주주(□□% 초과 + 실질적 행사)

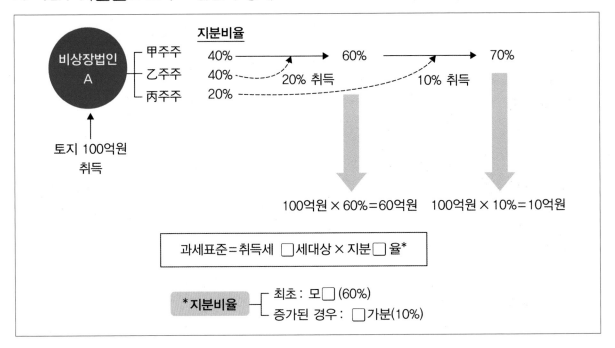

3. 취득세 과세대상

1. **토 지**

2. **건축물**: 사실상 용도에 따라 과세, 무허가 건축물도 과세

3. **차량, 기계장비, 선박, 항공기**
   ⓒⓕ 원시취득: 과세제외, 승계취득: 과세

4. **광업권, □업권, 양식업권**
   ⓒⓕ 출원에 의한 원시취득은 면제, 승계취득은 과세

5. **입 목**

6. **골프 회원권, 승마 회원권, 콘도미니엄 회원권, 종합체육시설 이용 회원권, 요트 회원권**

4. 취득세 납세의무자

1. **원칙**: □실상의 취득자

2. **예 외**
   (1) **□체구조부 취득자**: 건축물 중 조작설비~주체구조부 취득자 외의 자가 가설한 경우에도
   (2) **□경시점의 소유자**: 토지의 지목을 사실상 변경하는 경우
   (3) 상속인
   (4) **□합원**: 주택조합 등이 해당 조합원용으로 취득
   (5) **과점주주**(50% 초과 + 실질적 행사)
       ① 최초 → □두
       ② 증가된 경우 → □가분
       ③ 설□시 과점주주: 취득으로 보지 아니한다.

5. 취득세 취득시기

1. **무상취득**
   (1) 상속 : 상속개시일
   (2) 증여 : ☐약일   **cf** 양도세 : 증여를 ☐은 날
       cf ☐기·등록하지 않고 계약이 ☐제된 사실이 입증 : 취득한 것으로 보지 않는다.

2. **유상승계취득**
   (1) ☐실상의 잔금지급일
   (2) 사실상의 잔금지급일을 확인할 수 없는 경우 : ☐약상의 잔금지급일
       cf ☐기·등록하지 않고 계약이 ☐제된 사실이 입증 : 취득한 것으로 보지 않는다.
   (3) 예외 : ☐기·등록일(계약상 및 사실상 잔금지급일 전에 등기·등록한 경우)

3. **연부취득** : 사실상의 연☐금 지급일

4. **건축물을 건축(신축)** : 사용☐인서를 내주는 날과 사실상의 ☐용일 중 **빠른** 날

5. **주택조합**(사용☐사를 받은 날), **재건축조합**(소유권이전고시일의 ☐음 날)

6. **매립·간척으로 인한 원시취득**
   (1) 공사준공☐가일
   (2) 다만, 공사준공인가일 전에 사용승낙·허가를 받거나 사실상 사용하는 경우에는 사용승낙일·허가일 또는 사실상 사용일 중 **빠른** 날

7. **토지의 지목변경**
   (1) 원칙 : ☐실상 변경된 날과 ☐부상 변경된 날 중 **빠른** 날
   (2) 예외 : 토지의 지목변경일 이전에 사☐하는 부분에 대해서는 그 사실상의 사용일

8. **이혼**(재산분할) : ☐기·등록일

6. 취득세 과세표준

1. **과세표준의 기준** : ☐득 당시의 가액. 연부취득(연☐금액)

2. **무상취득**
   (1) 증여 : 시가☐정액(매매사례가액, 감정가액, 공매가액 등)
   (2) 상속 : 시가☐준액

3. **유상승계취득** : 사실상의 ☐득가격

4. **원시취득** : 사실상 ☐득가격

5. **토지의 지목변경**(임야 → 대지) : 변경으로 증가한 가액에 해당하는 사실상 ☐득가격

7. 사실상 취득가격의 범위 등

1. **사실상의 취득가격**: (직접비용 + 간접비용)

2. **취득대금을 일시급 등으로 지급하여 일정액을 □인받은 경우**: 할인□ 금액

3. **취득가격에 포함 ○**
   (1) 건□자금에 충당한 차입금의 이자(건설자금이자)
      ① 개인 ×
      ② 법인 ○
   (2) 할부 또는 연□계약에 따른 이자 상당액
      ① 개인 ×
      ② 법인 ○
   (3) 농지보전부담금, 미술작품의 설치 또는 문화예술진흥기금에 출연하는 금액, 대체산림자원조성비 등 관계법령에 따라 의무적 부담
   (4) 취득에 필요한 용역을 제공받은 대가로 지급하는 용□비·수수료
   (5) 취득대금 외에 당사자의 약정에 따른 취득자 조건 부담액과 채□인수액
   (6) 매각차□
   (7) 「공인중개사법」에 따른 공인중개사에게 지급한 중개보수
      ① 개인 ×
      ② 법인 ○
   (8) 붙박이 가구·가전제품 등 건축물의 효용을 유지 또는 증대시키기 위한 설비·시설 등의 설치비용
   (9) 정원 또는 부속시설물 등을 조성·설치하는 비용

4. **취득가격에 포함 ×**
   (1) 판매를 위한 광고선전비 등의 판매비용
   (2) 「전기사업법」 등 법률에 따라 이□하는 자가 분담하는 비용
   (3) 취득물건과는 별개의 권리에 관한 보상 성격으로 지급되는 비용
   (4) 부가가치세

8. 취득세 표준세율

부동산 취득	표준세율			
① 상속으로 인한 취득	농□	1천분의 23(2.3%)		
	농지 외의 것	1천분의 28(2.8%)		
② 상속 외의 무상취득(증여)	1천분의 35(3.5%) (□영리사업자의 취득은 2.8%) (조정대상지역 내 + 3억원 이상 주택) : 12% ⤷ 단, 1세대 1주택자가 소유주택을 배우자·직계존비속에게 증여한 경우 3.5% 적용			
③ 원시취득(신축, 재축)	1천분의 28(2.8%)	건축(신축, 재축 제외) 또는 개수로 인하여 건축물 면적이 증가할 때 그 증가된 부분 □함		
④ □유물의 분할(본인지분을 초과하는 부분의 경우는 제외)	1천분의 23(2.3%)			
⑤ 합유물 및 총유물의 분할로 인한 취득	1천분의 23(2.3%)			
⑥ 그 밖의 원인으로 인한 취득 (유상승계취득 : 매매, □환, 현물출자, 기타 유상취득)	□지	1천분의 30(3%)		
	농지 외의 것	1천분의 40(4%)		
⑦ 유□거래를 원인으로 주□을 취득하는 경우	개인	1주택 (1~3%)	㉠ 6억원 이하	1%
			㉡ 6억원 초과 9억원 이하	$(\text{취득당시가액} \times \dfrac{2}{3억원} - 3)$ $\times \dfrac{1}{100}$
			㉢ 9억원 초과	3%
		–	조정*	비조정
		2주택	8%	1~3%
		3주택	12%	8%
		4주택 이상	12%	12%
		법□		12%
	⤷ 단, 일시적 2주택은 1주택 세율 적용(1~3%) *조정 : 조정대상지역, 非조정 : 그 外 지역			

9. 취득세 중과세율

1. **사치성 재산**
   [표준세율과 중과기준세율(2%)의 100분의 400을 합한 세율을 적용]
   → [표준세율 + 8%]
   ① □프장   ② 고□주택   ③ 고급□락장   ④ 고급선박

2. **과□억제권역 안**: 서울특별시, 인근 수도권
   [표준세율에 1천분의 20(중과기준세율)의 100분의 200을 합한 세율을 적용]
   → [표준세율 + 4%]
   ① 과밀억제권역에서 공장을 신설하거나 증설하기 위하여 사업용 과세물건을 취득하는 경우
   ② 과밀억제권역에서 법인의 본점·주사무소 사업용 부동산 취득

3. **대도시 안**: 과밀억제권역(단, □업단지 제외)
   [표준세율의 100분의 300에서 중과기준세율(2%)의 100분의 200을 뺀 세율을 적용]
   → [(표준세율 × 3배) − 4%]
   ① 대도시에서 공장을 신설하거나 증설함에 따라 부동산을 취득하는 경우
   ② 대도시에서 법인의 설립·설치·전입에 따른 부동산 취득

10. 취득세 세율의 특례

1. **[표준세율 − 2%]**
   ① 환매등기
   ② 상속: 1가구 1주택, 감면대상 농지
   ③ 법인의 합병
   ④ 공유물·합유물의 분할(등기부등본상 본인지분을 초과하지 아니함)
   ⑤ 건축물의 이전(이전한 건축물의 가액이 종전 건축물의 가액을 초과하지 아니함)
   ⑥ 이혼(재산분할청구)

2. **2%(□과기준세율)**
   ① □수(개수로 인하여 건축물 면적이 증가하지 아니함)
      cf 증가된 부분: 원시취득(2.8%)
   ② **토지의 지□변경**
   ③ □**점주주**의 취득
   ④ 존속기간이 1년을 초과하는 **임□건축물**의 취득

11. 취득세 부과징수 1

1. 납세지: 취득 □건 소재지 관할 특·광·도(부과·징수: 시장·군수·구청장 → 위□징수)

2. 부과·징수
  (1) 원칙: 신□ 및 납□
    ① **취득한 날부터 6□일 이내에 신고·납부**
    ② **상속: 상속개시일이 속하는 달의 □일부터 □개월(외국에 주소를 둔 상속인이 있는 경우에는 9개월) 이내에 신고·납부**
    ③ 무상취득(상속은 제외한다: 증여): 취득일(증여 계약일)이 속하는 달의 □일부터 □개월 이내에 신고·납부
    ④ 취득한 후 중□세 세율 적용대상이 되었을 경우: 6□**일 이내** 산출한 세액에서 이미 납부한 세액(가산세는 제□)을 공제하여 신고·납부

    > 🗍 **60일 이내** 신고·납부
    > ㉠ 일반 세율 → 중과세 세율
    >   [일반 토지 → 5년 이내 고급오락장 부속토지]
    > ㉡ 비과세 → 부과대상
    >   [임시 건축물(모델하우스) → 1년 초과(2%)]
    > ㉢ 과세면제 또는 경감 → 추징대상

    ⑤ 위의 신고·납부기한 이내에 재산권과 그 밖의 권리의 취득·이전에 관한 사항을 공부에 등기하거나 등록하려는 경우에는 **등기 또는 등록 신청서를 등기·등록관서에 □수하는 날까지** 취득세를 신고·납부하여야 한다.
  (2) **예외**: 보통징수
  (3) **통보 등**
    국가 등이 취득세 과세물건을 매각하면 매각일부터 3□일 이내 지방자치단체의 장에게 통보하거나 신고하여야 한다.
  (4) **등기자료의 통보**
    ① 등기·등록관서의 장은 취득세가 납부되지 아니하였거나 납부부족액을 발견하였을 때에는 납세지를 관할하는 지방자치단체의 장에게 통보하여야 한다.
    ② 등기·등록관서의 장은 등기 또는 등록 후에 취득세가 납부되지 아니하였거나 납부부족액을 발견하였을 때에는 다음 달 1□일까지 납세지를 관할하는 시장·군수·구청장에게 통보하여야 한다.

12. 취득세 부과징수 2

3. 부족세액의 추징 및 가산세
(1) 신고불성실가산세 : 1□%(일반과소), 2□%(일반무신고), 4□%(부정)
(2) 납부지연가산세 : (①＋②＋③)
① 신고납부하는 지방세의 법정납부기한까지 납부하지 아니한 세액×일수×10만분의22(0.022%), 연 8.03%(일할)
② 납세고지서에 따른 납부기한까지 납부하지 아니한 세액×3%(1회)
③ 납세고지서에 따른 납부기한이 지난 날부터 1개월이 지날 때마다×0.75%(월할)
(3) □부 등의 작성과 보존 : ① **법인** ② □0%

4. 중가산세
(1) 신고를 하지 아니하고 □**각**하는 경우
(2) 중가산세 = 산출세액×□0%
(3) 중가산세에서 제외되는 재산
① 등기 또는 등록이 필요하지 아니하는 과세물건
② 지□변경, 주식 등의 취득 등 취득으로 보는 과세물건

5. 기한 후 신고 : 무신고
(1) 법정신고기한까지 과세표준신고서를 제출하지 아니한 자
(2) 결정하여 통□하기 전
(3) 가산세 감면 : 빨리, 납부지연가산세 감면 ×
① 법정신고기한이 지난 후 1개월 이내 : 무신고가산세×50%
② 1개월 초과 3개월 이내 : 무신고가산세×30%
③ 3개월 초과 6개월 이내 : 무신고가산세×20%

6. 면세점 : ① 취득가액 50만원 이□ ② □년 이내, 인접

7. 부가세 : □**어촌특별세**, □**방교육세**

13. 취득세 비과세

1. 국가 · 지방자치단체 등의 취득
① 모든 취득세 과세대상 : 비과세
② 외국정부 : 상□주의

2. 귀속 또는 기□채납 : 부동산
① 귀속 등의 조건을 이□ × : 과세
② 반□급부 : 과세

3. 신탁 : 「신탁법」에 따른 신탁으로서 신탁등기가 병행되는 것만 해당
① 주택조합등과 조합원 간의 부동산 취득 : 과세
② 주택조합등의 비조합원용 부동산 취득 : 과세

4. 환매권의 행사 : 「징발재산정리에 관한 특별조치법」

5. 임시□축물의 취득 : 모델하우스, 공사현장사무소
① 존속기간 1년 초과 : 과세(□%) (60일 이내 신고 · 납부)
② 사□성재산 : 기간에 상관없이 과세

6. 공동주택의 개수
① 시가표준액이 □억원 이하인 공동주택
② 「건축법」에 따른 대수선은 제외(과세)

7. 상속개시 이전에 사용할 수 없는 차량

05 익힘장

등록면허세

1. 등록면허세 납세의무자

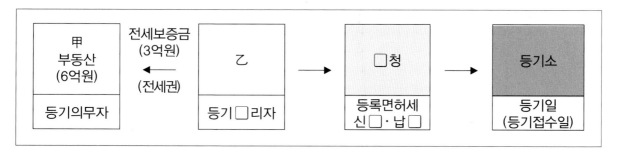

| 甲 부동산 (6억원) | 전세보증금 (3억원) → ← (전세권) | 乙 | → | □청 | → | 등기소 |
| 등기의무자 | | 등기□리자 | | 등록면허세 신□·납□ | | 등기일 (등기접수일) |

2. 등록면허세 과세표준

1. □록 당시의 가액
2. 신고 <u>cf</u> 신고가 없거나 신고가액이 시가표준액보다 적은 경우 : 시가표준액
   → MAX (신고가액, 시가표준액)
3. □록 당시에 자산재평가 또는 감가상각 등의 사유로 그 가액이 달라진 경우 : 변경□ 가액
4. 채권금액이 없을 때 : 채권의 목적이 된 것의 가액 또는 처분의 제한의 목적이 된 금액

3. 등록면허세 세율

1. 부동산 등기

구 분		과세표준	세 율
① 소유권의 □존등기		부동산가액	1천분의 □(0.8%)
② 소유권 이전등기	□상	부동산가액	1천분의 □0(2%)
	□상	부동산가액	1천분의 □(1.5%) <u>cf</u> □속 : 0.□%
③ 소유권 외의 물권과 임차권의 설정 및 이전	지상권	부동산가액	1천분의 2(0.2%)
	저당권	채□금액	1천분의 2(0.2%)
	지역권	요역지가액	1천분의 2(0.2%)
	전세권	전□금액	1천분의 2(0.2%)
	임차권	월□대차금액	1천분의 2(0.2%)
④ 경매신청 · 가압류 · 가처분		채권금액	1천분의 2(0.2%)
⑤ 가등기		부동산가액 또는 채권금액	1천분의 2(0.2%)
⑥ 그 밖의 등기(말소등기, 지목변경, 구조변경 등)		매 1건당	6,000원

▱ 세율 적용시 유의사항
1. 최저세액 : 등록면허세액이 6천원 미만일 때에는 □천원으로 한다.
2. 세율의 조정 : 지방자치단체의 장은 조례로 정하는 바에 따라 등록면허세의 세율을 부동산등기에 따른 <u>표준세율의 100분의 □0</u>의 범위에서 <u>가감</u>할 수 있다.

2. 중과세율 : <u>표준세율의 100분의 □00(3배)</u>
   ① 대도시에서 법인의 설립등기 <u>cf</u> 중과세 예외(도시형 업종) <u>예</u> 할부금융업, 은행업
   ② 대도시 밖의 법인이 대도시로 전입

www.pmg.co.kr

4. 등록면허세 부과와 징수

1. 납세지: 부동산 등기 → **부동산 □재지** → **등록□청 소재지**

2. 신고 및 납부
   (1) 원칙: 신고 및 납부
      ① 등록을 하기 □까지(등기·등록관서에 접수하는 날까지)
      ② 신□의무 ×, 납□ ○ → 신고를 하고 납부한 것으로 본다.
         → 무신고가산세 및 과소신고가산세를 부과하지 아니한다(용서).
   (2) 예외: 보통징수
   (3) 채□자대위자 신고납부
      ① 채□자대위자는 납세의무자를 대위하여 부동산의 등기에 대한 등록면허세를 신고납부할 수 있다. 이 경우 채□자대위자는 행정안전부령으로 정하는 바에 따라 납부확인서를 발급받을 수 있다.
      ② 지방자치단체의 장은 ①에 따른 채□자대위자의 신고납부가 있는 경우 납세의무자에게 그 사실을 □시 통보하여야 한다.

3. 가산세: 취득세의 가산세 내용과 동일

4. 등록면허세 납부 확인 등: 첨부

5. 부가세
   (1) □방교육세: 납부하여야 할 세액의 100분의 20
   (2) □어촌특별세: 감면세액에 100분의 20

5. 등록면허세 비과세

1. □가, 지방자치단체, 지방자치단체조합, 외국정부 및 주한국제기구가 **자□를 위하여 받는 등록**
   cf 외국정부: 상호주의

2. 다음의 어느 하나에 해당하는 등록
   ① 「채무자 회생 및 파산에 관한 법률」에 따른 등기 또는 등록
   ② 행정□역의 변경, 주민등록번호의 변경, 지적(地籍) 소관청의 지번 변경, 계량단위의 변경, 등록 담당 공□원의 착오 및 이와 유사한 사유로 인한 등록으로서 주소, 성명, 주민등록번호, 지번, 계량단위 등의 단순한 표시변경·회복 또는 경정 등록
   ③ 그 밖에 지목이 □지인 토지(무덤과 이에 접속된 부속시설물의 부지로 사용되는 토지로서 지적 공부상 지목이 묘지인 토지에 관한 등기)

06 재산세

1. 재산세 과세대상

토 지	(이미지)	㏇ 주택의 부속토지는 제□	① 분리과세대상 : 개별과세 ② 합산과세대상 : 합산과세
건축물	(이미지)	① 건축물 ② 시설물 ㏇ 주택용 건물은 □외	개별과세
주 택	(이미지)	주택용 건물과 부수토지를 통□하여 과세 ㏇ 경계가 명백하지 아니한 경우 : 바닥면적의 1□배	개□과세
선 박	—	—	개별과세
항공기	—	—	개별과세

1. 개별과세[재산세(□택)]

A		B		
10%	1,000	10%	1,000	
	↓		↓	
100	+	100	⇨	(200)

2. 합산과세[재산세(토지 중 종□합산, □도합산), 종합□동산세, □도소득세]

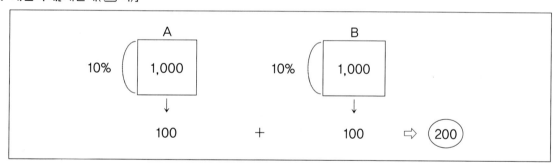

2. 토지의 과세대상 구분

- **고율분리과세**: 사치성재산(□프장용 토지, 고급오락장용 건축물의 부속토지) : 4%
- **종합합산과세**: □대지, 임야　　　　　　　　: 0.2% ~ 0.5%(3단계 초과누진세율)
- **별도합산과세**: 일반 영업용 □축물의 부속토지 : 0.2% ~ 0.4%(3단계 초과누진세율)
- **저율분리과세** ┌ □장용지　　　　　　　　　: 0.2%
　　　　　　　　　└ □지, □장용지, 공익목적 임야 : 0.07%

고율 분리	사치성 재산	4%	① 골프장용 토지(회원제 골프장) ② 고급오락장으로 사용되는 건축물의 부속토지
종합 **합산**	나대지, 임야	0.2~0.5% (3단계 초과 누진세율)	① 위법, 무허가 건축물의 부속토지 : □합 ② 2% 미달 　㉠ □닥면적 : □도 　㉡ 바닥면적을 제외한 부속토지 : 종합
별도 **합산**	일반 영업용 건축물의 부속 토지	0.2~0.4% (3단계 초과 누진세율)	① 일반영업용 건축물의 부속토지 　㉠ 기준면적 이내 : 별도 　㉡ □과 : 종합 ② 별도합산 의제 토지 　㉠ 차□용 토지 　㉡ 자동차운□학원용 토지 　㉢ 법인 □지 　㉣ 원□이 보전되는 임야
저율 분리	공장 용지	0.2%	① 공장용지 　㉠ 초과 : 종합 　㉡ (주거·상업·녹지지역 + 기준면적 이내) : 별도 ② 국가의 보호·지원이 필요한 토지(0.2%) 　㉠ 한국토지주택공사　　　㉢ 염□ 　㉢ 재건축　　　　　　　　㉣ 부동산투자회사 　㉤ 터미널용 토지
	농지, 목장 용지, 공익목적 임야	0.07%	① 농지 　㉠ 경작에 사용 × : 종합 　㉡ □거·□업·공업지역 : 종합 　㉢ 법인 및 단체 소유농지 : 종합 　　↳ 저율분리 　　ⓐ 농업법인　　　　ⓑ 한국농어촌공사 　　ⓒ 사회복지사업자　ⓓ 법인이 매립·간척 　　ⓔ 종중 ② 목장용지 　㉠ □과 : 종합 　㉡ 주거·상업·공업지역 : 종합 ③ 공익목적 임야 　㉠ 각종 법률　　㉡ 종중

3. 재산세 과세표준

1. 토지·건축물에 대한 재산세 과세표준(개인·법인 동일)

> 시가표준액 × □정시장가액비율(70%)

cf 토지의 시가표준액 = 개별공시지가

2. 주□에 대한 재산세 과세표준(개인·법인 동일)

> 시가□준액 × 공정시장가액비율(□0%)

cf ① 단독주택의 시가표준액 = 개별주택가격
② 공동주택의 시가표준액 = 공동주택가격

cf 1세대 1주택(시가표준액이 9억원을 초과하는 주택을 포함)
① 시가표준액이 3억원 이하인 주택 : 시가표준액의 100분의 43
② 시가표준액이 3억원을 초과하고 6억원 이하인 주택 : 시가표준액의 100분의 44
③ 시가표준액이 6억원을 초과하는 주택 : 시가표준액의 100분의 45

⌐ 과세표준□한액
① 주택의 과세표준이 다음 계산식에 따른 과세표준상한액보다 큰 경우에는 해당 주택의 과세표준은 과세표준상한액으로 한다.
② 과세표준상한액 = 대통령령으로 정하는 직전 연도 해당 주택의 과세표준 상당액 + (과세기준일 당시 시가표준액으로 산정한 과세표준 × 과세표준상한율)
③ 과세표준상한율 = 소비자물가지수, 주택가격변동률, 지방재정 여건 등을 고려하여 0에서 100분의 5 범위 이내로 대통령령으로 정하는 비율

3. 선박·항공기에 대한 재산세 과세표준 : 시가표준액

4. 재산세 세율

1. 세율

구 분		과세대상		세 율
표준 세율	토 지	고율분리과세: 사치성 재산 (☐프장용토지, 고급오락장용 건축물의 부속토지)		1천분의 ☐0(4%)
		종합합산과세: ☐대지, 임야 ⇨ 시·군별 합산과세		0.2☐0.5% (3단계 초과누진세율)
		별도합산과세: 일반 영업용 ☐축물의 부속토지 ⇨ 시·군별 합산과세		0.2☐0.4% (3단계 초과누진세율)
		저율분리과세 ⇨ 물건별 과세(개별과세)		–
		① 공☐용지		1천분의 2(0.2%)
		② ☐지(전·답·과수원), 목☐용지, 공익목적 임야		1천분의 0.7(0.07%)
	건축물	주택 이외 건축물(상업용, 공장용) ⇨ 물건별 과세		1천분의 2.5(0.25%)
		① 시지역의 주거지역 내 공장용 건축물		1천분의 5(0.5%)
		② 회원제골프장·고급오락장용 건축물		1천분의 40(4%)
	주 택	① 주택 및 부수토지(주택가액 + 토지가액) ⇨ 주택☐ 과세(개별과세), 고☐주택 포함(중과세 ×)		0.1☐0.4% (4단계 초과누진세율)
		② 1세대 1주택에 대한 세율 특례 (시가표준액이 9억원 이하인 주택)		0.05☐0.35% (4단계 초과누진세율)
	선 박	일반선박		1천분의 3(0.3%)
		고급선박		1천분의 50(5%)
	항공기	–		1천분의 3(0.3%)
중과 세율	건축물	과밀억제권역(산업단지 및 유치지역과 공업지역은 제외)에서 공장 신설·증설에 해당하는 경우 그 건축물		최초의 과세기준일부터 5년간 표준세율(0.25%)의 100분의 500에 해당하는 세율

🔺주의 형광펜
① 재산세 초과누진세율
② 종합부동산세 과세대상

2. 탄력세율

지방자치단체의 장은 특별한 재정수요나 재해 등의 발생으로 재산세의 세율 조정이 불가피하다고 인정되는 경우 조례로 정하는 바에 따라 **표준세율**의 <u>100분의</u> <u>☐0</u>의 범위 안에서 **가감**할 수 있다. 다만, 가감한 세율은 <u>해☐ 연도</u>에만 적용한다. cf 5년간 (×)

5. 재산세 납세의무자

1. **원칙 - 과세기준일(□월 1일) 현재 사실상 소유자**

   (1) **공□재산**인 경우: 그 지분에 해당하는 부분(지분의 표시가 없는 경우에는 지분이 균등한 것으로 본다)에 대해서는 그 □**분권자**

   (2) **주□의 건물과 부속토지**의 소유자가 다를 경우: 그 주택에 대한 □**출세액**을 건축물과 그 부속토지의 **시가표준액 비율로 안**□계산한 부분에 대해서는 그 소유자 ☞ 면적비율 (×)

2. **예 외**

   (1) **공□상 소유자**: 사실상의 소유자를 알 수 없을 때

   (2) **주□ 상속자**

   상속이 개시된 재산으로서 **상속등기가 이행되지 아니하고 사실상의 소유자를 신고하지 아니하였을 때**(☞ 주된 상속자: 「민법」상 상속지분이 가장 높은 사람 → 나이가 가장 많은 사람)

   (3) **종중재산의 공□상의 소유자**: 종중소유임을 신고하지 아니하였을 때

   (4) **매수계약자**

   ① □가, 지방자치단체, 지방자치단체조합 + □부 + □상

   ② 국가, 지방자치단체 및 지방자치단체조합 + 선수금 + 무상

   (5) **위□자**: 「신탁법」 제2조에 따른 수탁자의 명의로 등기 또는 등록된 신탁재산의 경우

   (6) **사업□행자**: 체비지 또는 보류지

   (7) **사□자**: 귀속이 분명하지 아니하여

6. 재산세 부과 · 징수

1. **과세기준일 및 납기**
   (1) **과세기준일**: 매년 ◻월 1일
   (2) **납 기**
      ① 재산세의 납기
         ㉠ 토지: 매년 ◻월 16일부터 9월 30일까지
         ㉡ 건축물: 매년 ◻월 16일부터 7월 31일까지
         ㉢ **주택**: ◻**분의 1은 매년 7월 16일부터 7월 31일까지, 나머지** ◻**분은 9월 16일부터 9월 30일까지**(다만, 해당 연도에 부과할 세액이 ◻**0만원 이하**인 경우에는 **7월 16일부터 7월 31일까지로 하여 한** ◻**번에 부과 · 징수할 수 있다**)
         ㉣ 선박: 매년 ◻월 16일부터 7월 31일까지
         ㉤ 항공기: 매년 ◻월 16일부터 7월 31일까지
      ② 수시로 부과 · 징수(과세대상 누락, 위법 또는 착오 등)

2. **징수방법**: 보통징수
   (1) **관할 지**◻**자치단체의 장**이 세액을 산정
   (2) 납기개시 5일 전까지 발◻

3. **물납**: **납부세액이** ◻**천만원을 초과, 관할구역에 있는 부**◻**산에 대해서만**
   (1) 물납의 신청 및 허가
      ① 신청: 납부기한 10일 ◻까지
      ② 허가: 신청을 받은 날부터 5일 이내
      ③ 물납하였을 때에는 납부기한 ◻에 납부한 것으로 본다.
   (2) 관리 · 처분이 부적당한 부동산의 처리
      ① 관리 · 처분하기가 부적당하다고 인정되는 경우 허가 ✕
      ② 통지를 받은 날부터 10일 이내 변◻ 신청
      ③ 물납하였을 때에는 납부기한 내에 납부한 것으로 본다.
   (3) 물납허가 부동산의 평가: ◻세기준일 현재의 시◻

4. **분할납부**
   (1) **납부세액이 2**◻**0만원을 초과, 납부할 세액의 일부를 납부기한이 지난 날부터** ◻**개월 이내**
   (2) 분할납부세액
      ① 납부할 세액이 ◻00만원 이하인 경우: 250만원을 초과하는 금액
      ② 납부할 세액이 ◻00만원을 초과하는 경우: 그 세액의 100분의 50 이하의 금액
   (3) 분할납부신청: ① 납부◻한까지   ② 수정고지

5. **소액 징수면제**: 2천원 ◻만

6. **세 부담의 상한**: 100분의 1◻0 ⓒ️ 주◻의 경우에는 적용하지 아니한다.

7. **재산세의 부가세**: 지◻교육세(재산세액의 20%)

7. 재산세 비과세

1. ☐가, 지방자치단체, 지방자치단체조합, 외국정부 및 주한국제기구의 소☐

   ⓒⓕ 부과

   (1) 대한민국 정부기관의 재산에 대하여 과세하는 <u>외국정부의 재산(상호주의)</u>

   (2) 매수계약자에게 납세의무가 있는 재산

2. **국가**, 지방자치단체 또는 지방자치단체조합이 1년 이상 **공☐ 또는 공공용으로 사용하는 재산**

   ⓒⓕ 부과

   (1) **유☐로 사용하는 경우**

   (2) 소유권의 <u>유☐</u>이전을 약정한 경우로서 그 재산을 취득하기 전에 미리 사용하는 경우

3. 다음에 따른 재산(**사치성재산은 제외한다**)

   (1) **도☐ · 하☐ · 제☐ · 구☐ · 유☐ 및 묘☐**

   (2) 「산림보호법」에 따른 산림보호구역, 그 밖에 다음에 해당하는 토지

   ① 군사기지 및 군사시설 보호구역 중 **통☐보호구역에 있는 토지**. 다만, **전 · 답 · 과수원 및 대지는 제외**한다.

   ┌─────────────────────────────────────┐
   ┃ ㉠ 제한보호구역 내 임야 : 분리과세대상 토지 ┃
   ┃ ㉡ 통제보호구역 내 임야 : 비과세   ┃
   └─────────────────────────────────────┘

   ② **채☐림 · 시☐림**

   ③ 「자연공원법」에 따른 공원자연보존지구의 임야

   ⓒⓕ 공원자연환경지구 안의 임야 : 분리과세대상 토지

   ④ 백두대간보호지역의 임야

   (3) **임☐로 사용하기 위하여 건축된 건☐물로서 재산세 ☐세기준일 현재 ☐년 미만의 것**

   (4) 비상재해구조용, 무료도선용, 선교(船橋) 구성용 및 본선에 속하는 전마용(傳馬用) 등으로 사용하는 선박

   (5) 행정기관으로부터 **철☐명령을 받은** 건축물 등 재산세를 부과하는 것이 적절하지 아니한 **건☐물 또는 주☐**(「건축법」에 따른 **건축물 부분으로 한정**한다)

종합부동산세

1. 종합부동산세 특징

1. □ 세
2. 보유과세
3. 합□과세(전□ 합산) ⓒⓕ 세대별 합산(×) → 개인별 합산(○)
4. 정부부과제도(신고납세제도 선택) (12/1 ~ 12/15)
5. 과세기준일(매년 □월 1일) = 재산세와 동일

재산세 과세대상	재산세 세율		재산세 납기	종합부동산세 과세대상		종합부동산세 납부기간
토 지	고율분리	4%	□월 16일~ 9월 30일	–	–	□□월 1일~ 12월 15일
	종□합산	0.2~0.5%		종합합산	□억원 초과	
	□도합산	0.2~0.4%		별도합산	80억원 초과	
	저율분리	0.2%		–	–	–
		0.07%		–	–	–
건축물	0.25%, 0.5%, 4%		□월 16일~ 7월 31일	–		–
주 택	주□	0.1~0.4%	① $\frac{1}{2}$: 7월 16일~ 7월 31일	주택	□억원 초과	12월 1일~ 12월 15일
	1세대 1주택 (시가표준액 9억원 이하)	0.05~0.35%	② $\frac{1}{2}$: 9월 16일~ 9월 30일	1세대 1주택자 (단독명의)	12억원 초과	
선 박	–		7월 16일~ 7월 31일	–		–
항공기	–		7월 16일~ 7월 31일	–		–

⚠️주의 **형광펜**
① 재산세 초과누진세율
② 종합부동산세 과세대상

2. 종합부동산세 전체흐름도

1. 주 택
(1) 개 인

(□시가격 합산액 − 9억원) × 공정시장가액비율(60%) ⇨ 과세표준 × 세율 ⇨ 산출세액
- ① 전국 합산   − 재□세
- ② 소유자별 합산   ⇨ 납부세액
- ③ 세□별 합산(×)
- ④ 단독주택 : 개별주택가격
- ⑤ 공동주택 : 공동주택가격
- ⑥ 합산 배제 : 등록문화유산에 해당하는 주택

(2) 법 인

공시가격 합산액 − □원) × 공정시장가액비율(60%) ⇨ 과세표준 × 세율 ⇨ 산출세액
     − 재□세
     ⇨ 납부세액

2. 토 지
(1) 종합합산

(□시가격 합산액 − □억원) × 공정시장가액비율(100%) ⇨ 과세표준 × 세율 ⇨ 산출세액
- ① 전국 합산   − 재산세
- ② 소유자별 합산   ⇨ 납부세액
- ③ 세대별 합산(×)
- ④ 토지 : 개별공시지가

(2) 별도합산

공시가격 □산액 − □0억원) × 공정시장가액비율(100%) ⇨ 과세표준 × 세율 ⇨ 산출세액
- ① 전국 합산   − 재산세
- ② 소유자별 합산   ⇨ 납부세액
- ③ 세대별 합산(×)
- ④ 토지 : 개별공시지가

3. 주택에 대한 과세

1. 납세의무자 : 과세기준일 현재 주택분 재산세의 납세의무자는 종합부동산세를 납부할 의무가 있다.

2. 과세표준

(1) **개 인**

= [인별 주택의 공시가격을 합산한 금액 − ☐억원] × 공정시장가액비율(60%)

(2) **개인(1세대 ☐주택자, 단☐명의)** ⓒⅾ **부부 공동명의 1주택자 : 9/16 ~ 9/30 신청**

= [인별 주택의 공시가격을 합산한 금액 − ☐☐억원] × 공정시장가액비율(60%)

(3) **법 인**

= [주택의 공시가격을 합산한 금액 − ☐원] × 공정시장가액비율(60%)

3. 세율 및 세액

(1) **주택분 종합부동산세액**

① **개 인**

㉠ 2주택 이하 소유 : 0.5% ~ 2.7% 7단계 초과누진세율

㉡ 3주택 이상 소유 : 0.5% ~ 5% 7단계 초과누진세율

② **법 인**

㉠ 2주택 이하 소유 : 2.7%

㉡ 3주택 이상 소유 : 5%

(2) **재산세액 공제** : 적용☐ 세액, 상한을 적용☐은 세액

(3) **1세대 1주택에 대한 세액공제(①, ② 100분의 ☐0범위에서 중복 가능)**

① **연령 세액공제** : 과세기준일 현재 만 ☐0세 이상인 1세대 1주택자(단독소유)

연 령	공제율
만 60세 이상 65세 미만	100분의 20(20%)
만 65세 이상 70세 미만	100분의 30(30%)
만 70세 이상	100분의 40(40%)

② **장기보유 세액공제** : 1세대 1주택자(단독소유)

보유기간	공제율
☐년 이상 10년 미만	100분의 20(20%)
10년 이상 15년 미만	100분의 40(40%)
15년 이상	100분의 50(50%)

(4) **세부담의 상한**

① 개인 : 100분의 1☐0

② 법인 : 세부담 상한 없음

4. 토지에 대한 과세

1. 납세의무자

구 분	납세의무자
① 종합합산과세대상	국내에 소재하는 해당 과세대상 토지의 공시가격을 합한 금액이 □**억원을** □**과**하는 자
② 별도합산과세대상	국내에 소재하는 해당 과세대상 토지의 공시가격을 합한 금액이 **80억원을** □**과**하는 자

2. 과세표준

구 분	과세표준
① 종합합산과세대상	(인별 해당 토지의 공시가격을 합산한 금액 − 5억원) × 공정시장가액비율(100%)
② 별도합산과세대상	(인별 해당 토지의 공시가격을 합산한 금액 − □□억원) × 공정시장가액비율(100%)

① 또는 ②의 금액이 '영(0)'보다 작은 경우에는 '영(0)'으로 본다.

3. 세율 및 세액

(1) **종합합산대상인 토지**

① **토지분 종합합산세액** : 1% ~ 3% 3단계 초과누진세율

② 재산세액 공제

(2) **별도합산대상인 토지**

① **토지분 별도합산세액** : 0.5% ~ 0.7% 3단계 초과누진세율

② 재산세액 공제

(3) **세부담 상한**

① 종합합산과세대상인 경우 : 1□0%

② 별도합산과세대상인 경우 : 150%

5. 종합부동산세 신고 · 납부 등

1. 부과 · 징수 등
(1) 원 칙
  ① 관할□무서장은 납부하여야 할 종합부동산세의 세액을 결정하여 해당 연도 □□월 1일부터 12월 15일("납부기간"이라 한다)까지 부과 · 징수한다.
  ② 관할세무서장은 종합부동산세를 징수하려면 납부고지서에 주택 및 토지로 구□한 과세표준과 세액을 기재하여 납부기간 개시 □일 전까지 발급하여야 한다.
(2) 예외: 선택적 신고 · 납부(□□월 1일 ~ 12월 15일)
  ① 무신고 가산세: ×
  ② 과□신고 가산세: ○
  ③ 납부지연가산세: ○

2. 물□ → 폐지(2016.03.02.)

3. 분 납
(1) 납부하여야 할 세액이 2□0만원을 초과하는 경우
(2) **납부기한이 지난 날부터 □개월 이내**
(3) 종합부동산세 분납

구 분	분납대상 세액
납부할 세액이 250만원 초과 500만원 이하	250만원 초과분
납부할 세액이 500만원 초과	납부할 세액의 50% 이하

4. 부가세: 농□촌특별세(20%)

5. 납세지
(1) **개인**: 「**소득세법**」 규정을 **준용(주□지 관할 세무서)**
(2) **법인**: 「**법인세법**」 규정을 **준용(본점 · 주사무소 소□지)**

6. 비과세 등
(1) 「지방세특례제한법」 또는 「조세특례제한법」에 의한 **재산세의 비과세 · 과세면제 또는 경감**에 관한 규정("재산세의 감면규정"이라 함)은 종합부동산세를 부과하는 경우에 **준□**한다.
(2) 「지방세특례제한법」에 따른 시 · 군의 감면조례에 의한 **재산세의 감면규정**은 종합부동산세를 부과하는 경우에 **준□**한다.

조세총론

1. 과세주체(과세권자)에 따른 분류

조세 (세금)	국 세	–	종합□동산세, 소□세(양도소득세)
	지방세	도세(특별시·광역시·도)	□득세
		시·군세(시·군·구)	재□세

ⓒⓕ **등록면허세**: 도세, 구세
  ① 도: 도청
  ② 특별시·광역시: 구청

2. 납세의무의 성립 : 추상적

1. 국세의 납세의무 성립시기(본세 = 부가세)

① **소득세**	과세기간이 □나는 때 = 지방소득세 성립시기
② **종합부동산세**	과세기준일(매년 □월 1일) = 농어촌특별세 성립시기

2. 지방세의 납세의무 성립시기(본세 = 부가세)

① **취득세**	과세물건을 취□하는 때
② **등록면허세**	재산권과 그 밖의 권리를 등□하거나 등록하는 때
③ **재산세**	과세기준일(매년 □월 1일) = 지방교육세 성립시기

3. 납세의무의 확정 : 구체적

과세권자 (= 과세관청)	국 세	**정부부과제도**	종합□동산세(원칙)
	지방세	**보□징수**	재산세

↓ ↑

납세자	국 세	**신고납세제도**	소득세(양□소득세), 종합□동산세(선택)
	지방세	**신고납부**	취□세, 등□면허세

4. 납부의무의 소멸 cf 납세자의 □망 ×

① 납 부	세액을 국고에 납입하는 것
② 충 당	납부할 국세 등과 국세환급금을 상계, 공매대금으로 체납액에 충당
③ 부과가 취소된 때	부과철회 ×
④ 부과할 수 있는 기간에 부과되지 아니하고 그 기간이 끝난 때 (제□기간 만료)	㉠ 국세 부과의 제척기간 ⓐ 상속세와 증여세: 10년, 15년 ⓑ 일반적인 세목(상속세와 증여세 이외): 5년, □년(무신고), 10년(사기) ㉡ 지방세 부과의 제척기간: □년, 7년(무신고), 10년(사기)
⑤ 징수권의 소멸시효가 완성된 때	㉠ 국세 소멸시효 ⓐ 5억원 이상의 국세: 10년 ⓑ ⓐ 외(5억원 미만)의 국세: 5년 ㉡ 지방세 소멸시효 ⓐ 5천만원 이상의 지방세: 10년 ⓑ ⓐ 외(5천만원 미만)의 지방세: 5년

5. 조세(국세·지방세)와 다른 채권의 관계

1. 조세(국세·지방세)와 피□보채권의 우선관계

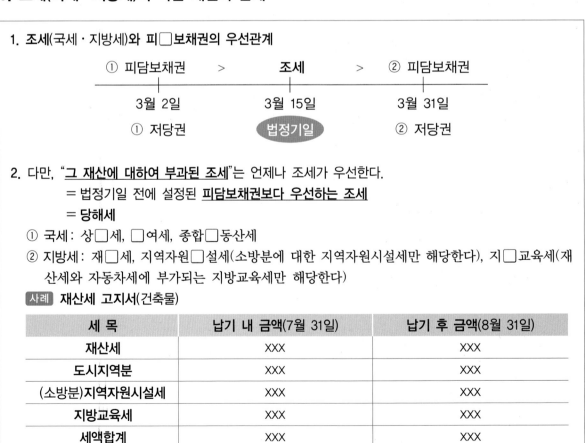

      ① 피담보채권   >   조세   >   ② 피담보채권
      ───────────┼─────────────┼──────────────
       3월 2일   3월 15일   3월 31일
      ① 저당권   법정기일   ② 저당권

2. 다만, "그 재산에 대하여 부과된 조세"는 언제나 조세가 우선한다.
    = 법정기일 전에 설정된 피담보채권보다 우선하는 조세
    = 당해세
   ① 국세: 상□세, □여세, 종합□동산세
   ② 지방세: 재□세, 지역자원□설세(소방분에 대한 지역자원시설세만 해당한다), 지□교육세(재산세와 자동차세에 부가되는 지방교육세만 해당한다)

   사례 재산세 고지서(건축물)

세 목	납기 내 금액(7월 31일)	납기 후 금액(8월 31일)
재산세	XXX	XXX
도시지역분	XXX	XXX
(소방분)지역자원시설세	XXX	XXX
지방교육세	XXX	XXX
세액합계	XXX	XXX

6. 거래 단계별 조세

취 득	보 유	양 도
취□세 ① □어촌특별세(10%, 20%) ② □방교육세(20%)	**재□세** 지방교육세(20%)	**양□소득세** 농어촌특별세(20%)
등록면허세 ① 지방교육세(20%) ② 농어촌특별세(20%)	**종합부동산세** 농어촌특별세(20%)	**지방소득세**(독립세)
□어촌특별세	**□어촌특별세**	**□어촌특별세**
□가가치세	**□가가치세**	**□가가치세**
인지세(국세)	–	**인지세**(국세)
상속세	–	–
증여세	–	–
–	**종합□득세** (부동산임대업)	**종합□득세** (부동산매매업)
–	**지□소득세**(독립세) (부동산임대업)	**지□소득세**(독립세) (부동산매매업, 양도)

7. 물납과 분납

구 분	취득세	등록면허세	재□세	종합부동산세	종합소득세	양도소득세
물 납	×	×	○ (관할구역, 부□산)	×	×	×
분 납	×	×	○ (□개월)	○ (□개월)	○ (□개월)	○ (□개월)

8. 불 복

1. 국세의 불복 : 행정심판 전치주의

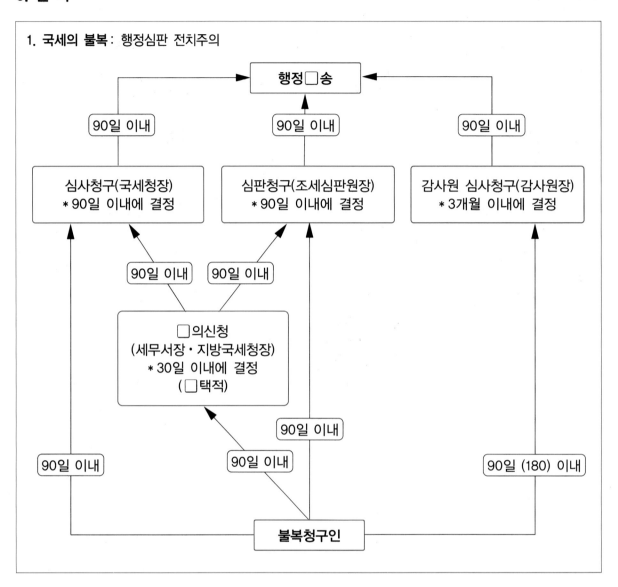

2. 지방세의 불복 : 행정심판 전치주의 재도입(시·도 심사청구제도 폐지)

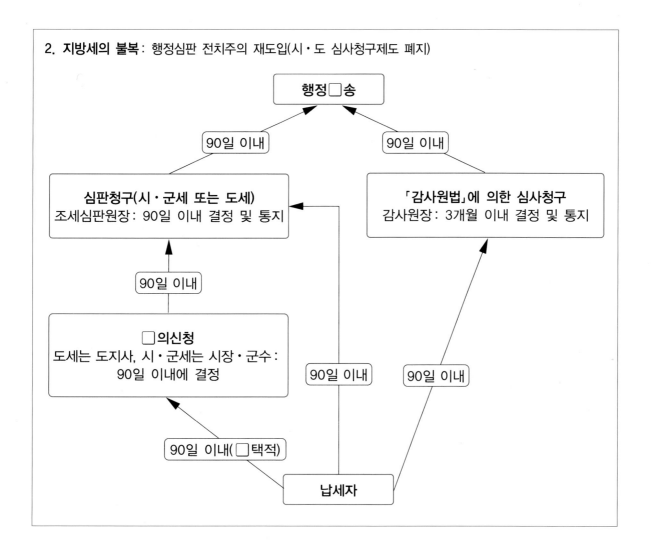

제36회 공인중개사 시험대비 **전면개정판**

2025 박문각 공인중개사
박문각 익힘장 정석진 부동산세법

초판인쇄 | 2024. 12. 10. **초판발행** | 2024. 12. 15. **편저** | 정석진 편저

발행인 | 박 용 **발행처** | (주)박문각출판 **등록** | 2015년 4월 29일 제2019-000137호

주소 | 06654 서울시 서초구 효령로 283 서경 B/D 4층 **팩스** | (02)584-2927

전화 | 교재 주문 (02)6466-7202, 동영상문의 (02)6466-7201

저자와의
협의하에
인지생략

정가 10,000원
ISBN 979-11-7262-415-6